Pensar bem nos faz bem!

Dados Internacionais de Catalogação na Publicação (CIP)
(Câmara Brasileira do Livro, SP, Brasil)

Cortella, Mario Sergio
  Pensar bem nos faz bem! : 4. vivência familiar, vivência profissional, vivência intelectual, vivência moral / Mario Sergio Cortella. – Petrópolis, RJ : Vozes, 2015.

8ª reimpressão, 2022.

ISBN 978-85-326-5047-4

1. Carreira profissional 2. Convivência 3. Ética 4. Família I. Título.

15-04402   CDD-100

Índices para catálogo sistemático:
1. Filosofia 100

MARIO SERGIO CORTELLA

Pensar bem nos faz bem!

Pequenas reflexões sobre grandes temas

4

vivência familiar
vivência profissional
vivência intelectual
vivência moral

© 2015, Editora Vozes Ltda.
Rua Frei Luís, 100
25689-900 Petrópolis, RJ
www.vozes.com.br
Brasil

CONSELHO EDITORIAL

Diretor
Gilberto Gonçalves Garcia

Editores
Aline dos Santos Carneiro
Edrian Josué Pasini
Marilac Loraine Oleniki
Welder Lancieri Marchini

Conselheiros
Francisco Morás
Ludovico Garmus
Teobaldo Heidemann
Volney J. Berkenbrock

Secretário executivo
Leonardo A.R.T. dos Santos

Todos os direitos reservados. Nenhuma parte desta obra poderá ser reproduzida ou transmitida por qualquer forma e/ou quaisquer meios (eletrônico ou mecânico, incluindo fotocópia e gravação) ou arquivada em qualquer sistema ou banco de dados sem permissão escrita da editora.

Editor para autor: Paulo Jebaili
Diagramação: Sandra Bretz
Capa: Lilian Queiroz/2 estúdio gráfico e Editora Vozes
Foto de capa: Jairo Goldflus

ISBN 978-85-326-5047-4

Este livro foi composto e impresso pela Editora Vozes Ltda.

Os textos do livro foram compilados e adaptados a partir dos comentários do autor na coluna *Academia CBN*, apresentados em rede nacional, de segunda a sexta-feira, às 6h32, de julho de 2013 a maio de 2014. As reflexões não seguem necessariamente a ordem em que foram ao ar pela Rádio CBN e, embora organizadas pelos temas *Vivência familiar, Vivência profissional, Vivência intelectual, Vivência moral* (neste volume), não foram agrupadas em bloco em torno de cada um destes, de modo a preservar essa característica que a coluna tem no cotidiano.

SUMÁRIO

Autenticidade, 13

Multidão, 14

Distração cívica, 15

Honestidade, 16

Paciência, 17

Hábito, 18

Pertencimento, 19

Isolamento, 20

Ardil, 21

O intempestivo, 22

Crueza, 23

Gratidão, 24

Impunidade maléfica, 25

Lamentação pessimista, 26

Identidades múltiplas, 27

Autoria falsa, 28

Vida subvertida, 30

Pontualidade, 31

Maldade, 32

Risco da autocomplacência, 33

Desnecessário como furto, 34

Preguiça, 35

Revide calmante, 36

Morrer pela pátria, 37

Ingratidão, 38

Encantamento pelo poder, 39

Tolice preconceituosa, 41

Gozação, 42

Solidão, 44

Inconveniência, 45

Posse obsessiva, 46

Desalento, 47

Desnecessário, 48

Discordância colaborativa, 49

A falta que infelicita, 50

Docência como partilha, 52

Esforço criativo, 54

Reações a um favor prestado, 55

Incômodo, 56

Ódio ao sucesso alheio, 57

Preparar a última luta, 58

Hipocrisia, 59

Rabugice, 60

Proximidade ansiosa, 61

Vitalidade da república, 62

Incompletude, 63

Pirataria, 64

Incômodo vivo, 65

Ira inteligente, 66

Indisciplina saudável, 67

Ladroagem circunstancial, 68

Recusa à impunidade, 69

Sinceridade do choro, 70

Autoimplacabilidade, 71

Complacência perigosa, 72

Valor da causa, 74

Eu sou vários, 75

Mal-entendido apaziguador, 76

Consumolatria, 77

Ocasião propícia, 78

Lema para um novo tempo, 79

Lucidez incomunicável, 80

Proveito razoável, 81

Liberdade recíproca, 82

Vaidade agradável, 83

Perícia na carência, 84

Percepção espelhada, 85

Sectarismo malévolo, 86

Complacência habitual, 87

Nitidez ética, 88

Radicalidade, 89

Ira declarada, 91

Infalibilidade presumida, 92

Acomodação voluntária, 93

Dissimulação teatral, 94

Sabedoria pedagógica, 95

Balanceamento do poder, 96

Partilha do cuidado, 97

Raiva fingida, 98

Risco calculado, 99

Relatividade de concepção, 100

Trabalho autoprotetivo, 101

Brasilidade mórbida, 102

Memória aromática, 103

Vergonha dissimulada, 104

Calma desejada, 105

Recusa à piedade, 106

Gosto partilhado, 107

Prazer indecente, 108

Insolência tola, 109

Engano em si mesmo, 110

Expectativa enganosa, 111

Utilidade inocente, 112

Dubiedade da sustentação, 113

Fruição estratégica, 114

Liberdade essencial, 115

Brincadeira saudável, 116

Antagonismo benéfico, 117

Moralismo robusto, 118

Justiça demorada, 119

Originalidade própria, 120

Modéstia simulada, 121

Simplicidade de critério, 122

Amargura do arrependimento, 123

Preconceito vazio, 124

Ambidestralidade enganosa, 125

Desconfiança política, 126

Maracutaia legal, 127

Sutileza tocante, 128

Indicador explícito, 129

Paciência geradora, 130

Vergonha persistente, 131

Expressividade dupla, 132

Beleza interior, 133

Carro habitável, 134

Mudança seletiva, 135

Autenticidade

Será que eu sou o que sou? Como eu me mostro, como eu coincido comigo mesmo ou, eventualmente, como eu posso representar uma personagem que pareceria ser eu, mas não o sou de fato? Uma das minhas possibilidades de máscara. Sem entrar no campo da Psicologia, que estuda isso e não é a minha área de conhecimento mais direta, eu gosto sempre de trazer à tona uma reflexão que aparece no Talmud, uma compilação de leis e tradições do judaísmo e que tem, inclusive, uma força de formação, de instrução, de educação muito grande nas comunidades judaicas. Diz o Talmud que "três coisas podem mostrar o que um homem é: sua taça quando transborda, sua bolsa quando está cheia, e a sua ira". Isto é, quando uma pessoa de fato se mostra? Quando a taça transborda, que é quando a pessoa bebe e fica um pouco acima do que seria aceitável na sua racionalidade, o álcool a perturba de alguma maneira. Há pessoas que dizem que, quando bebem, ficam fora de si. Não é verdade, algumas ficam dentro de si, pois aí é que elas se mostram como são. A segunda coisa é quando a bolsa está cheia, quando a pessoa tem recurso, tem dinheiro, nós notamos o que ela realmente faz com o que tem. Se partilha, se pratica a fraternidade ou se é egoísta. E, por último, quando ela manifesta sua ira.

Conhecemos alguém de verdade a partir da taça cheia, da bolsa cheia, mas, também, quando a ira vem à tona.

Multidão

Os antigos usavam o termo "multitude" para designar uma aglomeração de gente. O teólogo africano Agostinho (354-430), no século V, escreveu "a multitude de gentes", mas o sentido era o mesmo de multidão. Há uma beleza na multidão, mas há também um perigo nela. Esse perigo advém do fato de que nós, isoladamente, temos menos capacidade de cometer alguns atos do que quando nos juntamos com outras pessoas, na suposição de que no meio da multidão haverá uma dissimulação da presença, algum anonimato e, dessa forma, há um ganho de força para se fazer algumas coisas.

O pensador, escritor e músico Rabindranath Tagore (1861-1941), nascido em Calcutá, era um homem extremamente sábio. Foi o primeiro não europeu a conquistar o Nobel de Literatura, em 1913. Um homem especial, lutou pela paz e pela independência da Índia, foi amigo do Mahatma Gandhi (1869-1948). Foi ele, inclusive, que chamou Gandhi de Mahatma. Ele disse algo que não podemos deixar de lado: "Os homens são cruéis, mas o homem é bondoso".

Parece contraditório, mas significa que o indivíduo, quando sozinho, tem uma capacidade muito maior de bondade do que quando colocado no plural. A frase nos exige reflexão. Ele trabalhou isso em um livro chamado *Pássaros desgarrados*, em que se tem a ideia de gente que, ao se desgarrar, acaba ficando mais bondosa, talvez porque mais frágil, do que quando está agrupada.

Não vale para todos, não vale sempre, mas vale com frequência...

Distração cívica

Mesmo em uma nação que tenha a capacidade de trazer o civismo de uma maneira mais intensa, mais verdadeira, mais forte, existe a possibilidade de distração. A palavra "distração" significa aquilo que separa, aquilo que afasta, aquilo que tira atenção e coloca fora.

A distração cívica vem à tona quando nós fazemos, por exemplo, dos nossos movimentos políticos, das nossas capacidades de oposição apenas um "programa". Como se fosse um evento em que vamos nos distrair e não algo que tenha uma marca de organização. Não que uma manifestação não possa ter alegria. É até necessário lembrar que alegria acaba colocando mais força de ação, mas, quando há distração, quando se desvia do objetivo, nos aproximamos de uma expressão antiga escrita por Juvenal, um poeta do mundo romano que tem a clássica obra *Sátiras*, no século I. Ele dizia que o povo só se interessava por pão e circo. Até hoje nós usamos essa expressão "pão e circo".

Na ditadura militar-empresarial que o Brasil atravessou, de 1964 até 1985, quando ali estávamos, e a oposição se juntava para enfrentar a ditadura, a expressão "pão e circo" houvera sido substituída por "pau e cerco", porque se era cercado pelo aparato de repressão, e o que se ganhava era paulada mesmo.

Dolorido, mas um pouco erudito, pois era o reino do cassetete, aquilo que quebra a cabeça da gente, dado que a palavra vem do francês *casser*, que é quebrar, e *tête*, que é cabeça.

Eram algumas doses de educação moral e cínica...

Honestidade

Felizmente, existem muitas pessoas que praticam o que ensinam, e se conduzem na vida social, na vida privada, de maneira decente.

O escritor carioca Millôr Fernandes (1923-2012), que não canso de citar, no interessante livro *Todo homem é minha caça*, de 1981, dizia que "tem gente que se acha honesta só porque não sabia da mamata".

Millôr trouxe à tona que a honestidade não pode ser fingida. A honestidade não pode ser cínica, de modo que alguém, apenas porque não sabia da existência de uma situação da qual pudesse participar e se beneficiar, se considere honesto.

Isso vale quando se pensa, no campo público e no privado, na defesa que temos de fazer em relação à honestidade das ações, à honestidade das práticas coletivas e privadas.

Honestidade não é o que se coloca apenas no campo público, mas é a autenticidade, a pessoa que é capaz de ter uma conduta com ela mesma e com as outras pessoas que não seja marcada pelo oportunismo, pela capacidade de usar a mera circunstância, aproveitar-se daquilo que não deveria fazer.

E pensar que algumas pessoas se consideram honestas só porque não tiveram notícia da chance de serem desonestas?

Paciência

Paciência não é a mesma coisa que lerdeza. Considero sempre conveniente fazer essa distinção. Paciência é a capacidade de maturar, de deixar fluir, de respeitar o tempo necessário para que algo possa acontecer. Isso é diferente de lerdeza, que é fazer de maneira demorada e não de maneira paciente. Paciência é uma virtude. Lerdeza é uma demonstração de incompetência e de incapacidade.

Carlos Drummond de Andrade (1902-1987), na obra póstuma *O avesso das coisas*, publicada um ano após sua morte, escreve que "não é fácil ter paciência diante dos que têm excesso de paciência".

Afinal de contas, excesso de paciência começa a deixar de ser paciência, transborda, se torna lerdeza, passividade e, em grande medida, imobilidade, incapacidade de se movimentar.

Paciência é algo que nos ajuda imensamente a viver, compreender, a estudar, a realizar. Paciência na vida, na carreira, na família, na política, porém, se for excesso, vira lerdeza.

O que provoca imensa e impaciente irritação.

Hábito

Marcado pelo excesso de rotina, o hábito pode entorpecer, pode nos dominar, isto é, fazer com que pensemos que a única maneira de fazer algo é como ela sempre foi feita. Muitas vezes até por conta da familiaridade com determinado hábito, como se conosco estivesse desde sempre.

É interessante, porque a palavra "hábito" gerou para nós o termo "habitação", que se refere à moradia, ao lugar onde nós ficamos. Tanto que se diz "em casa, a gente faz assim". Para muitas pessoas, deixar alguns hábitos que vinham de suas casas é muito complicado. Geralmente elas entendem que aquele é o único modo de se fazer determinadas coisas. Isso se nota em várias ocasiões, em relação à comida, ao tempero, ao modo como se senta à mesa, o horário para as refeições.

O domicílio, que é *domus*, em latim, também quer dizer "casa" e marca nossa circunstância e, portanto, nos molda.

É preciso cautela para que não sejamos vassalos dos nossos hábitos. A rotina, em certa medida, aumenta a nossa perícia, afinal, também é sinônimo de organização. Mas quando essa rotina se torna absolutamente entorpecida, automática, robótica, ela ganha um nível de vassalagem, de servidão, em que o hábito, em vez de ser algo que praticamos, acaba nos escravizando.

"Fazemos assim na nossa casa." Mas não é esse o único modo de ser feito, pode-se pensar em fazer, também, de outros modos.

Pertencimento

De onde somos? De onde eu sou? É tão comum perguntar "de onde você é? De onde você vem?" Essa ideia de pertencimento é muito marcante quando se pensa em pátria, em sociedade, em nação. Até a ideia de humanidade, em princípio, excluiria essa percepção de que nós somos de algum lugar. Afinal de contas, o planeta é o nosso lugar.

Seria até curioso que alguém perguntado "De onde você é?", respondesse: "Eu sou terráqueo". Daria a impressão de que só valeria se identificar como terráqueo se encontrássemos seres de outros planetas.

De onde nós somos, onde estão as nossas raízes ou, como se dizia em tempos mais antigos, "Onde está enterrado nosso umbigo?", dado que, quando se retirava o umbigo da criança, alguns tinham a crença de sepultá-lo porque se entendia como parte ainda de um corpo vivo.

Qual é o nosso país de fato? O poeta francês Robert Garnier (1545-1590) escreveu uma obra muito especial chamada *O Bradamante*, considerada a primeira tragicomédia da Literatura. Nessa obra ele registra que "o país está em toda parte onde nos sentimos bem".

A Terra é para os mortais uma casa comum. Para usar uma frase antiga e muito aberta, "o melhor lugar do mundo é ser feliz". Nossa pátria é onde bem estivermos.

Isolamento

Quem tem ascendência italiana ou estudou esse idioma sabe que *isola* significa "ilha", portanto, estar isolado é estar ilhado, nesse ilhamento.

John Donne (1572-1631), poeta londrino e pastor anglicano, no século XVII, produziu uma obra que, em parte, inspirou Ernest Hemingway a escrever *Por quem os sinos dobram*, sobre a Guerra Civil Espanhola. Um dos textos de Donne, que está na obra *Devoções*, diz: "Nenhum homem é uma ilha, isolado em si mesmo; cada homem é uma parte do continente, uma parte do todo".

Essa ideia de que nenhum homem é uma ilha é exatamente a percepção que nos leva a entender que nós somos, como humanidade, um arquipélago; nós temos que nos juntar a outras e outros. Ninguém consegue viver de maneira isolada.

Procurar um pouco de solidão é diferente de ser solitário. Desejar ficar um pouco sozinho – até em dias que há uma certa agitação para sair em grande estilo, encontrar pessoas – ajuda a meditar, refletir, obter um pouco de silêncio e fazer coisas que, sozinhos, nos dão maior alegria, quando não resultam de carência, mas sim de escolha.

Ardil

Pessoa ardilosa, tratante é aquela que não cumpre o que foi combinado. De maneira geral, costuma vir com uma conversa meio mole, meio de lado, aquilo que na gíria é chamado de 171, quase que no campo do estelionato.

Há vários tipos de estelionato, não é só aquilo que proporciona alguma vantagem ligada a essa prática do desvio. Existe o estelionato dentro de uma relação de convivência, dentro da política. Você e eu podemos enganar e sermos enganados também, sermos ardilosos. De maneira geral, o resultado desse ardil acaba chegando à acumulação de riqueza, de vantagens, de benefícios para alguma pessoa.

Giacomo Leopardi (1798-1837), um dos melhores poetas italianos do século XIX, é autor de obras muito melancólicas, com uma certa descrença do que seria a vida coletiva, a vida social. Muito citado pela ideia de que, "quanto mais as coisas mudam, mais elas ficam do mesmo jeito". Foi, portanto, alguém que não teve uma esperança positiva, por exemplo, em relação à visão política. Leopardi escreveu que "são raros os patifes pobres".

Quase sempre o patife, o ardiloso, o enganador, o tratante, obtém vantagem. Evidentemente que essa vantagem é desonrosa, nojenta, uma vantagem que jamais pode gerar orgulho a quem a faz, mas há um número imenso de patifes que de maneira alguma são pobres.

O intempestivo

O irrefletível, o irrefletido, o irreflexível é aquilo que vai (usando um termo mais popular) "na lata". Há pessoas que são intempestivas ao reagir a uma determinada situação, seja para admoestar, ofender ou até elogiar. Não refletem, falam de pronto. Existe aí um grande risco de fazer ou falar bobagem por falta de reflexão, pela incapacidade de maturar o que se vai expor.

Esse risco foi lembrado por Pietro Metastasio (1698-1782), considerado por alguns o maior autor de libretos de ópera na Itália, no século XVIII. Ele dizia: "Não adianta chamar de volta a palavra que do peito fugiu. Não se retém a flecha depois que do arco saiu". Quase um poema.

Por isso, a intempestividade, a reação espontânea, que muitas vezes é o combustível para aquilo que não gera um resultado positivo, deve ser mais bem-controlada.

Evidentemente, nós somos um ser capaz de irreflexão, de reação imediata, mas faz parte da formação de uma personalidade mais coerente, mais equilibrada, não ser intempestivo, porque, inclusive na relação com outras pessoas, depois que a palavra foi disparada, tal como a flecha do arco, ela não consegue voltar.

Nesse caso, é um equívoco.

Crueza

A crueza é uma nitidez, eventualmente realista, quase inaceitável. Aquilo que de um lado é cru e do outro é cruel, aquilo que se pareceria com algo sangrento e, por outro lado, se chama de crueza quando bate muito de frente, fica sangrando na nossa face, não há como não ver.

Aquilo que é nu e cru na nossa face é algo que não aceitamos com muita facilidade. Uma das frases mais cruéis que já vi, não no sentido de machucar, de ofender, mas de espantar pela veracidade que pode carregar, foi escrita por Paul Gavarni (1804-1866), aquarelista parisiense do século XIX, habituado a pintar o corpo humano, capaz de usar essa técnica para desenhar e ilustrar livros. Gavarni um dia descreveu o ser humano do seguinte modo: "Humanidade, um montão de coisas sujas e pegajosas de líquidos fedorentos suspensos a um varapau num saco de pele furado".

Mais crueza que isso é impossível. E essa é uma visão possível sobre o corpo humano.

Nós não queremos que assim o seja e fazemos arte, filosofia, ciência e religião para não reduzirmos a nossa existência a esses líquidos fedorentos num saco de pele furado. É preciso que a nossa condição se eleve.

Gratidão

Será que a gratuidade do gesto, da percepção, a capacidade de doar-se vem rareando? Eu sempre me lembro de uma música caipira, composta por Palmeira e Teddy Vieira, chamada *Couro de boi*. Muita gente boa no Brasil a regravou, e quem mais fez sucesso com essa música foi a dupla clássica no gênero, Tonico e Tinoco.

Nesta canção, há uma introdução falada, que traz uma frase, que é do senso comum, mas é proferida pelos rabinos na cultura judaica. "Um pai trata dez filhos, dez filhos não tratam um pai".

Há uma certa crueldade na ideia, mas ela não é completamente descartável. Existe, sim, essa situação. Na frase da música, isso é dito de forma mais caipira: "Um pai trata dez 'fio', dez 'fio' 'num' trata um pai".

O que expressa? A ideia de ingratidão. Quantos pais e mães são capazes de se desdobrar em dez para tratar os seus filhos, cuidar, ir adiante? E, muitas vezes, dez filhos não conseguem tratar um pai ou uma mãe e os deixam ao léu. É aquilo que a lei atualmente pune; chama-se "abandono afetivo inverso". Cruel em todos os sentidos.

Impunidade maléfica

Deixar impune quem comete um delito provoca um malefício igual ou maior do que o delito em si. Nós vivemos tempos, especialmente nas grandes cidades, em que há um perigoso sentido de vingança. Tamanha é a brutalidade que acontece no nosso cotidiano em relação a vitimar o cidadão e a cidadã, que nos dá um certo desejo de vingança.

Isso é algo muito perigoso, porque a vingança é uma maneira incorreta de dirigir nossa ideia de justiça. Não pode ser praticada.

O jurista italiano Cesare Beccaria (1738-1794) escreveu uma obra de referência no século XVIII chamada *Dos delitos e das penas*. Ele tem uma frase sobre a qual devemos pensar: "Um dos maiores freios dos delitos não é a crueldade das penas, mas a sua infalibilidade".

Em outras palavras, aquilo que mais assusta ao se praticar um crime não é que a pena seja muito forte – como a pena de morte, como a prisão perpétua –, mas a certeza de que, se praticando um ilícito, não se ficará impune.

Porque a certeza da punibilidade, portanto, da infalibilidade dessa pena, leva a temê-la mais do que a sua extensão.

Lamentação pessimista

Posso me chatear com algo sem ser necessariamente pessimista, mas há muitas pessoas que estão sempre se lamentando, sempre chorando as mágoas. São assim na família, no trabalho, na empresa, no círculo de amigos, no dia a dia. Essas pessoas se tornam desagradáveis no convívio, porque nunca conseguem enxergar algo de positivo naquilo que têm, naquilo que vivem. Mesmo que não se queira o otimismo fingido, o pessimismo lamentador é muito desagradável para a nossa convivência.

O jornalista francês Louis Pauwels (1920-1997) escreveu um livro em 1960, em parceria com Jacques Bergier (1912-1978), chamado *O despertar dos mágicos*, que discutiu anormalidades, sociedades secretas, fantasias. Essa obra influenciou em parte o movimento hippie e a contracultura em relação àquilo que seria místico ou até mítico da nossa convivência. Pauwels escreveu: "Não confio nas pessoas que, a propósito do mar, só me falam do enjoo".

Evidentemente que uma pessoa que está na navegação, para usar a imagem simbólica, sabe que é possível ter enjoo, mas pessoas que prestam atenção somente no que é negativo, e ficam o tempo todo falando do enjoo e não notam aquilo que está à volta, a própria ideia de mar, elas perturbam a si mesmas e aos outros.

Identidades múltiplas

Serei eu muitos?

O escritor norte-americano Oliver Wendell Holmes (1809-1894) também foi médico, professor na Universidade de Harvard (que tem o melhor Curso de Medicina do mundo) e nela se aposentou em 1882. Ele tem um pensamento complexo: "Há três Johns. Um, o John verdadeiro, conhecido somente pelo Criador; dois, o John ideal de John, nunca verdadeiro e muitas vezes bem diferente dele; três, o John ideal de Thomas, nunca o John verdadeiro nem o John de John, mas, muitas vezes, bem diverso de ambos". Pode parecer apenas um jogo de palavras, mas há aí uma inteligência em relação à possibilidade de termos muitas faces.

Algo que poderia se entender é que a pessoa de verdade só o Criador conhece; outro ponto é o que ela fantasia sobre si mesma e isso não coincide com o que ela é de verdade; em terceiro, é o que outra pessoa pensa sobre o indivíduo em questão e acha que ele é – e, conforme disse Wendell Holmes, não é nem a que é verdadeira nem o que ela imagina ser, mas é diversa de ambas e, talvez, só o Criador saiba o que ela é.

Isso entra em outro campo, mas vale pensar.

Autoria falsa

O plágio é comum em várias áreas, inclusive na educação escolar. Por incrível que pareça, no mundo em que vivemos, com as plataformas digitais, com as tecnologias de informação e comunicação, o plágio ficou facilitado. E aí vem a contradição: também houve uma maior possibilidade de detectar o plágio.

É muito comum que, em outros tempos, por exemplo, alguns de nós, quando crianças, colássemos alguma coisa dos trabalhos na escola. A professora ou professor pedia para fazermos um trabalho e copiávamos o trecho de um livro, outro trecho de outro, colocávamos umas figurinhas, púnhamos uma capa bonita, uma fita ou um desenho na capa, e entregávamos na suposição de que ele ou ela não lesse o trabalho e só desse uma folheada.

Atualmente, com o aumento das tecnologias digitais, dá para plagiar com mais facilidade, porque é só recortar e colar o que se encontra na internet. Mas aí vem um lado inédito. Também nós, professores e professoras, dispomos de alguns programas que permitem a checagem na própria rede mundial. Ao inserirmos apenas uma sentença, é possível aferir se um trecho de trabalho apareceu em outros lugares, se ele já foi citado de outro modo, se ele é, de fato, de autoria daquele que está sendo indicado.

A tecnologia favorece, dentro da área de educação escolar em qualquer nível, a autoria fácil e falsa, mas ela também nos permite detectar essa condição. Por isso, o plágio foi facilitado de um lado e dificultado de outro, dando o avesso do avesso...

Vida subvertida

Nós nos lembramos sempre que a natureza tem seus caminhos que não podem ser subvertidos. Mas nós, humanos, somos capazes de fazer essa subversão com a nossa intervenção. Nós não somos animais que seguimos estritamente aquilo que está determinado. Ao contrário, criamos cultura, estruturamos um modo humano de existir e de viver, mas algumas coisas persistem na nossa condição como sendo quase que naturais. Por exemplo, que os pais morram, partam antes dos filhos. Tanto que, quando acontece o inverso, o impacto é sempre muito negativo, um choque muito forte e perturbador. Ninguém quer ser vitimado por essa condição, de sair do que chamamos de ordem natural, sem necessariamente supor que assim seja, mas é a nossa crença.

Heródoto (484 a.C.-425 a.C.), historiador grego do século V a.C., escreveu que "na paz, os filhos enterram os pais. Na guerra violenta, a ordem da natureza é alterada e faz com que os pais enterrem os filhos".

Subvertemos aquilo que deveria não ser assim. Isso é muito forte, porque não é preciso ter guerra literalmente para que isso aconteça. Nas grandes cidades, nos nossos modos de convivência, é muito comum hoje que muitos pais e mães tenham de enterrar seus filhos mais jovens que, ou são vitimados pela violência, ou são autores dessa mesma prática de destruição.

Pontualidade

Quem nunca ouviu a frase "A pontualidade é um crime sem testemunhas"? Quem consegue chegar no horário marcado, provavelmente ficará sozinho e, além de tudo, ainda será visto como alguém que praticou um desvio. Algumas culturas, entre elas a brasileira, admitem o atraso como parte da convivência. Outras culturas acham muito estranho que nós, no Brasil, admitamos uma flexibilidade em relação ao horário que beira à volubilidade, à incapacidade de ser sério, que nos leva a uma imensa perda de tempo, além de ser um desrespeito.

O escritor Leon Eliachar (1922-1987), egípcio, mas que passou boa parte da vida no Rio de Janeiro, cidade em que, infelizmente, foi assassinado, nos ensinou em uma obra de 1960 (muito boa, de humor) chamada *O homem ao quadrado*: "A pontualidade é a coincidência de duas pessoas chegarem com o mesmo atraso".

Essa expressão engraçada de Leon Eliachar indica, de maneira direta, algo que marca a nossa convivência. Admitir o atraso como parte do nosso dia a dia: "Ah, mas a aula vai atrasar", "a reunião nunca começa na hora marcada", "ninguém chega no horário". Isso acaba afrouxando o nosso modo sério de convivência.

Para o lazer, sim, mas, para tudo o mais, não deveria sê-lo.

Maldade

A origem da maldade é uma grande questão da história do pensamento filosófico e teológico. O filósofo Agostinho (354-430) pensava sobre a origem do mal. Será que o mal é criado? Será que vem de fora de nós? Será que a divindade, ao criar um ser, fez com que o mal viesse junto? Esse ser de bondade, que nós chamamos de Deus, seria capaz de criar um ser que é passível de cometer maldades? É uma discussão muito forte no campo do pensamento. O escritor britânico Joseph Conrad (1857-1924) é autor de uma obra de 1902, *Coração das trevas*, que inspirou o filme *Apocalipse Now*, de 1979. Diferentemente do livro de Conrad, o filme se passa na Guerra do Vietnã. Em magistral interpretação, Marlon Brando (1924-2004) faz o papel do Coronel Curtis, um homem que precisa ser eliminado pelas forças norte-americanas, embora fosse um coronel do exército do país, porque, em tese, praticava o mal, assassinava, e teria supostamente enlouquecido, ido para as trevas.

Por isso, Joseph Conrad dizia que "a crença numa fonte sobrenatural do mal não é necessária. O homem, por si só, é capaz de qualquer perversidade".

Frase difícil. Quase que se diria "não precisa de demônio", alguns são capazes de maldade por si.

Risco da autocomplacência

Uma pessoa complacente é aquela que admite uma frouxidão de princípios, de hábitos, de rigor em relação ao que precisa ser feito. E a autocomplacência é mais perigosa ainda, porque coloca a fragilização da capacidade crítica sobre si mesmo. Aceitar-se em excesso, inclusive naquilo que se equivoca é, sim, risco grande.

Ausônio (310-395), poeta romano do século IV, numa obra chamada *Sentenças dos sete sábios*, disse: "Perdoa muitas coisas nos outros, mas, a si mesmo, nada". Porque perdoar a si mesmo em todas as coisas que são necessárias evitar, impede que se possa corrigir, orientar a rota, reinventar, fazer de outro modo. Isto é, não admitir o afrouxamento da própria capacidade de ter um caráter reto, que não tenha uma ética oportunista, que não aceite aquilo que não precisa nem deve ser aceito.

Por mais que possa parecer moralismo, é algo que nos coloca no caminho de uma personalidade ética que tenha solidez, sinceridade, autenticidade, que não seja, de maneira alguma, hipócrita.

O risco da autocomplacência aumenta a fragilização da nossa capacidade de sermos mais inteiros e, portanto, pode estilhaçar nossa integridade.

Desnecessário como furto

O ato de furtar, de subtrair aquilo que pertence à outra pessoa, é algo que está no campo do crime, do delito.

O pacifista indiano Mahatma Gandhi (1869-1948) lutou pela paz a partir da não violência, foi cinco vezes indicado ao Nobel da Paz, mas não recebeu o prêmio, numa época em que talvez fosse difícil fazê-lo por alguém que lutava contra o imperialismo britânico. Assassinado em 1948, Gandhi tem uma história relevante no século XX em relação à independência da Índia, à autonomia dos povos.

Mahatma Gandhi também defendia a frugalidade, a vida com mais simplicidade, como uma virtude. Ele dizia que "um objeto, mesmo que não tenha sido adquirido por motivo de roubo, deve ser, no entanto, considerado como furtado se o possuímos sem dele precisarmos".

Isso é futilidade, a propriedade inútil, a posse de algo que não tem serventia.

Se tivermos e guardarmos algo que não nos seja necessário, Gandhi considerava isso uma forma – ele usa as palavras "roubo" e "furto" – de delito.

Preguiça

"Ai, que preguiça", dizia Macunaíma, naquela voz e trejeito especial da interpretação de Grande Otelo (1915-1993), no filme inspirado na obra de Mario de Andrade (*Macunaíma*, Brasil, 1969, direção de Joaquim Pedro de Andrade, 110min). Por incrível que pareça, a preguiça pode ser fonte criativa.

Um outro Mario, o Quintana (1906-1994), elevado poeta gaúcho, deixou uma obra especial. Num dos seus livros, *Na volta da esquina*, ele escreveu que "a preguiça é a mãe do progresso; se o homem não tivesse preguiça de caminhar, não teria inventado a roda".

Evidentemente que há um tom de brincadeira de Mario Quintana, mas ele diz algo verdadeiro. Poupar esforço, ser capaz de economizar energia é algo que nos leva, sim, a uma criatividade maior. Mesmo que, vez ou outra, cheguemos ao exagero na economia dessa energia a ponto de prejudicar o nosso próprio organismo, nossa saúde pelo sedentarismo. Ainda assim, há na preguiça uma fonte de criatividade.

Quando nós procuramos ter menos dispêndio energético, criamos aquilo que nos poupa: nossas ferramentas, nossos instrumentos.

A preguiça, portanto, tem também um componente de criatividade.

Revide calmante

Esperar o troco e receber o troco, no sentido de revide, é um ato que pode até ter um efeito calmante. Quando, eventualmente, praticamos algo que não deveríamos – como ofender alguém, dizer algo inadequado, fazer algo não muito aceitável – esperamos o troco, no intuito de que esse revide diminua a força daquilo que não deveria ter acontecido. Isto é, algo que alivie o peso na consciência.

Se nós não recebemos esse tal troco, ficamos mais incomodados com isso do que aquilo que fizemos. O dramaturgo irlandês George Bernard Shaw (1856-1950), em *Homem super-homem*, um livro de 1905, diz: "Tem cuidado com a pessoa que não revida teu golpe, ela nem te perdoa nem permite que perdoes a ti mesmo".

Porque quando você ou eu recebemos algum troco, claro que não desejamos que seja violento, mas alguma palavra de volta, alguma reação, é sinal de que a pessoa que reagiu é capaz até de nos perdoar. E isso nos oferece uma certa consolação.

Nesta hora, há um revide que acalma, especialmente quando se dá no campo das palavras.

Morrer pela pátria

Há momentos no ano em que a ideia da pátria fica no horizonte, em função de comemorações e até de alguns feriados. Há também o patriotismo como uma maneira de dizer "eu dou a minha vida pela minha pátria". Essa frase "morrer pela pátria" é só uma frase ou, de fato, ela é uma vivência?

O Marquês de Maricá (1773-1848), um político que viveu no século XIX, escreveu algo que nos leva a refletir: "Os patriotas dizem em voz alta que é doce morrer pela pátria, mas, em segredo, reconhecem que é mais doce viver para ela e à custa dela".

No momento em que a construção ética vem à tona com muita força dentro da nossa sociedade, há quem queira viver à custa da pátria, aquilo que alguns diriam "a bolsa da viúva", entendida a viúva como aquela que faz doação para homens e mulheres que deveriam estar a serviço de uma sociedade e que se servem dessa mesma sociedade.

Homens e mulheres que, tendo sido escolhidos e indicados, ou concursados para alguma atividade de natureza pública, ou que estão até no mundo empresarial, em vez de viverem com a pátria, gostam de viver à custa da pátria.

Ingratidão

Algumas pessoas, mesmo tendo recebido algum benefício, algum favor, não dão retorno, ou seja, não têm a capacidade de retribuir com um gesto, nem com uma palavra de agradecimento sequer.

Isso não é incomum no campo da política, especialmente da política partidária, na esfera de governo, nas atividades em que se escolhe alguém entre outros porque, ao se fazer uma escolha, acaba também havendo a preterição, a não escolha de outras pessoas.

O filósofo iluminista francês Voltaire (1694-1778) atribuiu uma frase muito boa ao Rei Luís XIV – mesmo que a autoria não seja dele, não tem importância, porque a frase, de fato, veio sendo repetida de outros modos. Segundo Voltaire, Luís XIV houvera afirmado: "Cada vez que doo um posto vago, faço cem descontentes e um ingrato".

É a ideia daquele ou daquela que não aceita como um favor, uma contribuição, mas toma aquilo como uma coisa usual, quase como uma obrigação.

Por isso, a ingratidão no âmbito da família, da empresa, na atividade da política é, embora comum, considerada uma prática pouco virtuosa. E a ingratidão do beneficiado leva ao arrependimento do beneficiador.

Encantamento pelo poder

A ideia da política como profissão seduz algumas pessoas. Alguns até fazem como se fosse um *game*. Uma das características dos jogos, especialmente para as plataformas digitais, é a capacidade de simular a vida real ou pessoas reais. Mesmo em um ambiente absolutamente irreal, as pessoas que morrem no jogo podem reiniciar o desafio, aquilo que já se chama em português de resetar, a partir de *reset*, em inglês.

Num texto chamado *Observações*, Winston Churchill (1874-1965) escreveu que "a política é quase tão excitante como a guerra, e não menos perigosa. Na guerra, a gente só pode ser morta uma vez, mas, na política, diversas vezes".

Existe uma emoção muito grande que as pessoas encontram no campo da política partidária, da política de governo, até na conspiração e na trama. Aqueles que se dispõem e dela fazem parte, isto é, da política profissional no cotidiano, sabem do encantamento, da sedução que isso produz. Algo próximo, como eu dizia, de um *game* que leva a se apreciar essa conspiração. Esse jogo, tal como lembrou Churchill, é parecido com a guerra, que também emociona e é capaz de produzir adrenalina em alguns.

Esse jogo da política tem a grande vantagem, diferentemente da guerra, de que só se pode morrer uma vez. Na política, é possível morrer várias vezes, dar uma resetada e começar de novo.

Ao olharmos algumas figuras na política, é difícil entender, exceto pelo gosto pela adrenalina, o que estão fazendo até hoje dentro dessa atividade.

Tolice preconceituosa

Há muitos tipos de tolice e uma delas é o preconceito. O preconceito é marcado pela tolice, porque ele é a avaliação, a adesão ou a rejeição a algo sem uma reflexão mais densa, sem um pensamento mais aprofundado.

Existe, inclusive, preconceito a favor, aderir a alguém apenas porque ele torce pelo mesmo time de futebol ou nasceu na mesma região que nós ou pratica a mesma religião. Existem, portanto, preconceito a favor e preconceito contra. Em ambos os casos, são tolos. Preconceito é sempre tolo porque resulta de uma disposição ou indisposição irrefletida.

Há uma frase clássica, que alguns atribuem a Albert Einstein (1879-1955) – é até provável que a frase seja dele, embora não se tenha um registro tão fiel em relação à autoria – que diz: "Época triste a nossa em que é mais difícil quebrar um preconceito do que um átomo".

Einstein sabia muito bem do que estava falando, até por ter sido expatriado da Alemanha. Ele, que tinha ascendência judaica, se lá estivesse permanecido, teria tido problemas durante a ocupação nazista. E também porque tinha uma visão sobre a ciência e especialmente sobre o campo da física que destoava do que se difundia até então. Também foi ele objeto de preconceito.

Desse ponto de vista, o pensamento de Einstein nos mostra quão dificultoso é quebrar o preconceito.

Gozação

A gozação acontece quando alguém decide bulir com outra pessoa. Bulir mesmo, do verbo mexer, que existe em português, e vez ou outra se usa a expressão *bullying*, para designar um terreno mais perigoso. Sem descartar o uso de outro idioma para nomear nossas coisas, temos entre nós o verbo "bulir".

Mas a gozação é algo muito próprio, brasileiro gosta dessa ideia de brincar com outras pessoas. É preciso lembrar que uma coisa só é engraçada se todos os envolvidos se divertirem. Se alguém for objeto de uma brincadeira e não se divertir, isso não é gozação, é assédio, e pode ser uma violência simbólica sobre outra pessoa.

O escritor britânico William Shakespeare (1564-1616), na obra *Trabalhos de amor perdidos*, diz algo valioso: "O êxito da pilhéria só depende do ouvido de quem ouve, não da boca que a enuncia".

De fato, algo é pilhéria ou gozação quando a pessoa que dele é objeto reage, isto é, se ela toma como se fosse dela. Quando ouvimos uma brincadeira ou gozação e não a levamos a sério, entendemos como uma brincadeira e não como uma ofensa, não haverá êxito nessa pilhéria, nessa gozação. Quem produz uma situação de gozação não deseja que aquele que vai ser tripudiado, pilheriado, fique indiferente.

A intenção é que ele reaja mal, inclusive, porque isso dará graça para alguns naquela situação. O êxito de uma pilhéria depende mais do ouvido de quem a ouve do que da boca que a pronunciou.

Solidão

Não se deve confundir solidão com privacidade. Ficar só é bastante diverso de ser solitário.

É comum que, em alguns momentos, especialmente quando fora do mundo do trabalho, num final de semana, por exemplo, muitas pessoas se sintam sós. Mas querer ficar sozinho para poder pensar, baixar um pouco a intensidade do dia a dia, diminuir as turbulências, cuidar um pouco de si, não deve ser confundido com ser solitário. Porque o solitário é aquele que ninguém tem.

Solitária é a pessoa que fica quase abandonada, colocada à margem da vida coletiva. Muita gente, inclusive, tem obsessão pelo mundo do trabalho, porque encontra um lugar em que se sente, pelo menos, conectada a outras pessoas. Não são poucos os que não gostam de feriados, de férias ou do final de semana, porque enfrentam um cotidiano muito solitário.

A solidão como escolha ajuda a cuidar de si, a meditar, a pensar mais, a dar um tempo para os próprios pensamentos, enquanto que a solidão resultante da ausência de conexões e de contato com outras pessoas é malévola, à medida que se aproxima bastante do abandono. Ficar só, como uma escolha, é uma boa escolha; ficar só porque não tem escolha é algo que estilhaça a nossa capacidade de sentir bem-estar.

Estar só não é obrigatoriamente ser solitário.

Inconveniência

A pessoa inconveniente é aquela que, em vez de me ajudar quando cometo algum deslize, prefere chamar a minha atenção, me dar uma bronca. É como alguém, por exemplo, que sofre um infarto e a pessoa que vai visitá-la, em vez de apoiá-la, oferecer palavras de carinho ou de conforto, fica dizendo: "Tá vendo? Eu não tinha falado, eu não dizia que você deveria evitar alimento desse tipo? Que o consumo de tabaco podia te conduzir a essa situação?"

É uma atitude absolutamente inoportuna.

Não significa que essas coisas não devam ser ditas, mas elas têm que funcionar antes da situação e não durante. De nada adianta alguém que já está ferido, combalido e fragilizado por alguma coisa, ainda ser vitimado por uma pessoa inconveniente que vem com lengalenga.

O escritor francês Jean de La Fontaine (1621-1695), que criou as fábulas a partir da Modernidade, no século XVII, em uma delas escreve: "Meu amigo, tira-me do perigo, farás a tua arenga depois". Em outras palavras, primeiro me tira dessa situação perigosa, depois pode vir para cima de mim dizendo o que pensa.

Primeiro me ajude, depois chame minha atenção, mas não seja inconveniente.

Não seja inoportuno.

Posse obsessiva

Ser obcecado por posses é o que se chama também de ganância. Em outros idiomas, entre eles o espanhol, a expressão "ganância" tem um sentido que não é necessariamente negativo. Mas, no nosso português, ganância é a propriedade exclusiva que alguém quer sobre as coisas, e faz qualquer coisa para obter aquilo.

Desse ponto de vista, é uma ideia de posse obsessiva que acaba adoentando a relação de propriedade, porque leva a um apego desmesurado, que faz com que a pessoa fique dependente daquilo que tem ou do que deseja.

O pensador florentino Maquiavel (1469-1527) escreveu uma obra clássica no mundo da política, no século XVI, alguns dizem até ser a primeira obra de política da Modernidade, chamada *O príncipe*.

No capítulo XXII, ele registrou uma ideia que é muito repetida e, infelizmente, muito verdadeira: "As pessoas esquecem a morte do pai mais depressa do que a perda do patrimônio". Ele escreveu isso para dizer que um governante, se quiser ser temido e, portanto, obedecido pelo temor, deveria confiscar o patrimônio e multar as pessoas, porque a multa tem muito mais eficiência do que a orientação, do que a educação.

Perder patrimônio é mais inesquecível do que perder outras pessoas? Para muitos o é.

Desalento

Desânimo é aquilo que resulta de um cansaço, de algo que nos leva a achar "puxa, essas coisas não estão funcionando, não dão certo, não estão acontecendo, eu não aguento mais". Nesse momento, é necessário trazer à tona uma percepção mais otimista. Não a percepção ingênua, mas uma percepção otimista que eu gosto de ancorar no pensamento de Albert Schweitzer (1875-1965), ganhador do Prêmio Nobel da Paz em 1952, um teólogo e também afamado médico.

Embora tenha nascido na região da Alsácia (na época, parte da França bem próxima da Alemanha), Schweitzer viveu muito tempo na África, e morreu aos 90 anos de idade. Ele dedicou boa parte da vida às pessoas miseráveis.

Para ajudá-las, dizia: "A quem me pergunta se sou pessimista ou otimista, respondo que meu conhecimento é de pessimista, mas minha vontade e minha esperança são de otimista".

Schweitzer, em vez de resmungar, de ficar reclamando, foi buscar mudança e, por isso, colocou a própria vida a serviço da vida coletiva, em que ele tinha, sim, o conhecimento, especialmente como médico e como pastor que foi, marcado pela possibilidade de olhar o pessimismo, olhar aquilo que é negativo.

Mas a esperança e a vontade eram de um otimista, aquele que procurou melhorias, aquele que construiu, em vez de ficar apenas lamentando.

Desnecessário

Pensar sobre o desnecessário pareceria algo inútil, mas não o é, especialmente quando lembramos que vivemos em uma sociedade onde há um desejo muito grande pelo desnecessário, isto é, aquilo que é supérfluo, excedente. E muita gente luta para conquistar o que poderia ser chamado de inútil excedente, aquilo que, não sendo necessário, deveria estar fora do nosso cotidiano, e, no entanto, está presente.

E, em grande medida, é o que move o mercado, como moda, como sendo impulso de consumo, em muitas situações da publicidade, tudo aquilo que se coloca no campo do nosso desejo.

O humorista peruano Sofocleto (1926-2004) lembrava que "vivemos em um mundo em que nada é tão indispensável como as coisas supérfluas". Isto é, todo o esforço de algumas pessoas que procuram como indispensável aquilo que é absolutamente supérfluo.

E até deixam de lado outras coisas da vida, como a relação afetiva, o convívio mais intenso com a família, a possibilidade de uma reverência maior ao próprio mundo, à ideia de gratidão, tudo aquilo que dá mais sentido à nossa existência.

Se diria "que pena", mas é algo que também precisa ser pensado.

Discordância colaborativa

Discordar significa separar o coração, colocar os corações de lados diferentes. Obviamente, concordar seria colocar os corações juntos. Mas existe uma discordância que é colaborativa, aquela que permite que façamos melhor aquilo que estamos executando ou pensando em fazer.

Quando alguém discorda de nós, nos obriga a pensar de outro modo, a procurar alternativas, a buscar outros caminhos e, portanto, nos retira de um terreno eventualmente confortável, mas, marcado também por um nível de superficialidade ou até de equívoco.

Por isso, há uma colaboração quando ocorre uma discordância, seja de outras pessoas, seja da própria situação que não está concordando com o nosso pensamento.

Carlos Lacerda (1914-1977), político brasileiro que, durante os anos de 1960 foi extremamente firme em vários momentos, dizia que "o protesto é a mais alta forma, porque é a mais arriscada, de colaboração". Ele escreveu isso no livro *Em vez*.

E, nessa hora, em vez de concordar sempre, em vez de apenas acolher a concordância, em vez de ficar sempre no terreno da confortabilidade, é um sinal de inteligência prestar atenção naquela discordância que é colaborativa.

A falta que infelicita

Aquilo que não temos nos chateia, nos entristece, nos deixa amargos, enquanto aquilo que temos não necessariamente nos alegra.

O filósofo e iluminista francês Voltaire (1694-1778) morreu pouco antes da Revolução Francesa de 1789, foi um pensador extremamente provocativo, que contribuiu para um pensamento mais crítico não só em relação à autoridade civil, de um governo, mas também às autoridades religiosas, as quais ele enfrentou em vários momentos da sua história. Voltaire, cujo nome de batismo era François-Marie Arouet, lembrava que "somos infelizes pelo que nos falta e não somos felizes pelas coisas que temos: dormir etc. não é felicidade. Não dormir é insuportável".

Aquilo que nós temos, não obrigatoriamente nos dá alegria e felicidade. Ele até lembra que dormir, comer, repousar, brincar não necessariamente é felicidade; não dormir é insuportável.

Aquilo que temos nem sempre nos deixa felizes e aquilo que não temos nos infelicita de uma maneira mais intensa, mais densa.

Claro que o pensamento de Voltaire nos auxilia bastante a pensar na valorização daquilo que temos, sem perder de vista a capacidade de recusar, de deixar de lado aquilo que não temos ou que, porque não temos, não queremos ter ou, ao querê-lo, vamos buscá-lo porque nos deixa melhores.

Mas, ainda assim, a ideia da falta, da ausência que nos infelicita é muito maior do que aquilo que já temos.

Docência como partilha

A docência é marcada pela necessidade de transbordar. Aquilo que muitos homens e mulheres têm como profissão, como dedicação, como modo de vida, que é a possibilidade de ir além de si mesmo, a capacidade de repartir, inclusive dando um passo que pareceria estranho num mundo e numa sociedade em que o princípio parece ser "tudo o que você tiver de melhor, guarde para si, e tudo o que a outra pessoa tem de melhor, se puder, tome dela".

Há muita gente que se dedica à docência, que faz com que tudo que se possa ter de melhor, em termos de conhecimento, de informação, de capacidade, possa ser repartido, fazer com que a outra pessoa também tenha acesso. Afinal de contas, nós, homens e mulheres que nos dedicamos à docência sabemos muito bem que trabalhamos com o futuro.

Muita gente também começou a dar aulas aos 16 anos e os alunos tinham cinco, por exemplo, na Educação Infantil. Aí a pessoa fez 20 anos de idade e os alunos tinham cinco; ela fez 30 anos de idade, eles tinham cinco; fez 50 anos de idade, eles tinham cinco. Cada um e cada uma de nós, nessa área, tem contato todos os dias com o que há de mais novo na vida humana. Todos os anos os alunos se renovam para nós e, todos os anos nós somos renovados por eles, em qualquer idade. A docência é uma profissão, inclusive, marcada por uma série de romantismos à sua volta, mas há algo que eu considero absolutamente importante que seja romântico, que é essa capacidade de – sem perder a natureza de um trabalho sério, dedicado, organizado, que precisa ser remunerado de forma decente – ser um transbordamento.

Cada um e cada uma de nós tem nessa vida um pouco do que nossos professores e professoras deixaram conosco.

Esforço criativo

É relativamente comum as pessoas dizerem "eu estava esperando uma inspiração para fazer esse texto, para começar essa obra, para pensar na organização de um jantar, para refletir sobre um projeto"... Ora, existe um esforço imenso para ser criativo e, mais do que isso, para que a inspiração possa ter o seu lugar.

Vale citar aqui Igor Stravinsky (1882-1971), um compositor russo que morreu em Nova York, uma personalidade inesquecível da música sinfônica, com uma influência imensa em toda a música contemporânea. Alguém que, com seus grandes balés e peças, deixou um legado extremamente criativo.

Mas ele mesmo dizia: "Um leigo pensaria que, para criar, é preciso aguardar a inspiração. É um erro. Não que eu queira negar a importância da inspiração. Pelo contrário, considero-a uma força motriz, que encontramos em toda a atividade humana e que, portanto, não é apenas um monopólio dos artistas. Essa força, porém, só desabrocha quando algum esforço a põe em movimento".

O que Stravinsky chamava de trabalho é o esforço a ser feito para que a inspiração seja colocada em movimento. A capacidade de fazer a inspiração desabrochar, emergir, vir à tona quando nós conseguimos, com esforço, fazer com que ela se desate.

Não é sentar e aguardar, não é repousar e, então, seremos possuídos por um momento de grande movimento cerebral. Não é só isso, é colocar-se no esforço.

Reações a um favor prestado

"Faça-me o favor!" Essa expressão é usada com frequência na nossa convivência, seja como um pedido, seja até como uma advertência que implica numa admoestação: "ora, faça-me o favor!", isto é, "o que é isso?" Ainda assim, a palavra "favor" abre uma possibilidade imensa de reações.

Santiago Ramón y Cajal (1852-1934), médico espanhol que recebeu o Nobel de Fisiologia, hoje seria de Medicina, em 1906, fez grandes estudos que influenciaram imensamente a neurociência. Ele não produziu escritos apenas na área científica.

Cajal tem uma obra chamada *Charlas de café*, em que ele anotou: "Há três espécies de ingratos: os que esquecem o favor, os que o cobram e os que o vingam", aqueles que vingam o favor que foi feito exatamente para não ficarem em débito.

Esse pensamento nos ajuda a refletir sobre a condição do que seria a gratuidade do gesto, a manifestação mais aberta e sincera que não implique, ao se prestar um favor, que ele não seja nem esquecido, nem que a pessoa o cobre como se fosse uma obrigação e também não queira desprezar o que foi feito, e aí procura se vingar, dado que o favor pode, sim, criar dependência.

Incômodo

A pessoa costuma colocar a mão sobre o peito ou sobre o pescoço, apertar um pouco e dizer "alguma coisa está me angustiando, eu estou incomodado". A arte consegue capturar muito bem essa sensação interna, porque expressa não só as nossas emoções, como é capaz de desenhá-las, descrevê-las, representá-las de vários modos.

A palavra "representar" já tem um sentido nela mesma, colocar de novo, apresentar novamente. Quando eu tenho uma sensação, uma emoção, especialmente quando me perturba, me deixa incomodado, a arte tem, sim, a capacidade de representá-la de algum modo.

O escritor mineiro Abgar Renault (1901-1995) publicou um livro de poesias, em 1983, chamado *A outra face da lua*. Nele há um texto com um título que, em si, já mostra um pouco o seu peso, chama-se *Balada da irremediável tristeza*. Nesse poema, ele foi fundo e escreveu: "Eu hoje estou inabitável", isto é, não caibo, não posso morar dentro de mim.

Não é que eu não estou cabendo em mim de satisfação ou alegria, eu não estou cabendo em mim de incômodo, de irremediável tristeza, a ideia de não poder morar.

Hoje eu preciso estar fora, eu não caibo, não posso me habitar.

Ódio ao sucesso alheio

O maestro e compositor Tom Jobim (1927-1994), homem de sucesso imenso, absolutamente merecido, tem uma frase de que eu gosto de lembrar: "No Brasil, o sucesso é uma ofensa". Em várias situações, o sucesso, em qualquer área, pode ser considerado ofensivo.

Pessoas acabam se irritando com quem obtém algum sucesso. E sucesso não é só ser famoso, é ser bem-sucedido naquilo que faz, na arte, no negócio, na tecnologia, na ciência, em todas as dimensões.

Tom Jobim foi muito perspicaz ao capturar essa possibilidade refletida em sua frase. Será que é assim? Podemos retomar o pensamento de Amado Nervo, poeta mexicano do início do século passado, que na obra *Ódios artísticos*, dizia: "Já que não podemos ser todos notáveis, que ninguém o seja. Esse é o tema dos que detestam e combatem os que se elevam".

Por essa lógica, se não podemos ser todos notáveis, então, que ninguém o seja, isto é, colocar de uma maneira mais rasa, mais superficial a nossa condição.

Dessa forma, portanto, não admirar a genialidade, a capacidade criativa, o esforço infindo, a força contida numa decisão e numa dedicação grande.

Preparar a última luta

A ideia de luta, no grego arcaico, é "agonia", usando nosso modo de escrita. Quando alguém está agônico, está lutando para não partir, para não falecer.

Essa percepção de agonia, que serve também para outras coisas na nossa vida, mas, especialmente para a última luta, ela nos ajuda a pensar no que significa a própria vida. Aquilo que reduz a força da vida para diminuir até o desgaste dentro dessa luta.

A escritora cearense Rachel de Queiroz (1910-2003), primeira mulher na nossa história que entrou na Academia Brasileira de Letras, dizia com toda aquela sabedoria: "Por que ter medo da idade quem não tem medo da morte? A idade é morte de todos os minutos, sutil e silenciosa, gastando, gentilmente, a força do guerreiro, para que a luta do fim não seja bruta demais".

Quando chegar a nossa hora é necessário que tenhamos perdido um pouco a força combativa, para que a última luta não seja desesperadora, que ela até seja uma luta, para que a entrega não seja fácil, mas que tenhamos uma amenização para partir sem desespero.

Hipocrisia

A dissimulação, aquele fingimento para parecer algo que não se é, retoma um ditado antigo: "Por fora bela viola, por dentro pão bolorento".

Eu ficava sempre intrigado com a ideia de juntar a viola com o pão, mais até do que a expressão em si, que remete à hipocrisia no nosso dia a dia.

Há um escritor italiano do século XVI, que ficou conhecido como "flagelo dos príncipes", de tanto que ele era mordaz nos panfletos que escrevia. Chamava-se Pietro Aretino (1492-1556) e tem uma frase que lembra quem é muito mais fingido do que sincero ou a hipocrisia, que é dizer uma coisa e praticar outra.

Pietro Aretino escreveu: "Escondemos nosso sexo e pomos à vista as mãos, que roubam e matam, e a boca, que jura em falso".

Isto é, a nossa capacidade de dissimular aquilo que deveria nos envergonhar e ser guardado, que é a mão que rouba ou mata ou a boca, que jura em falso, mas temos um pudor muito grande, e muita gente mais ainda, para esconder o sexo.

Hipocrisia, como dizia Aretino, é algo que está fora e não deveria.

Rabugice

Costumamos chamar de rabugento aquele que nunca está satisfeito com nada. Rabugem, inclusive, é o nome de uma doença muito comum em cachorro, popularmente conhecida como sarna.

Tem gente que vive procurando sarna para se coçar. O cachorro com rabugem fica o tempo todo incomodado e gente rabugenta vive exatamente desse modo.

Esse tipo de percepção gera uma maneira de estar no mundo o tempo todo reclamando, insatisfeito, arrumando encrenca.

Quem trabalhou essa ideia de maneira profunda foi Goethe (1749-1832) na obra *Fausto*, que é um poema trágico, publicado em 1808. Ele colocou no prólogo dessa obra uma conversa entre Deus e Mefistófeles, que ali era a encarnação do demônio. Diz Deus para Mefistófeles: "Nada mais que dizer-me tens, só por queixar-te sempre vens, nada na Terra achas direito enfim".

Até a divindade chama atenção de Mefistófeles por essa conduta rabugenta. Algumas pessoas a adotam, e não conseguem encontrar nada que seja positivo sem que seja um fingimento, sem que seja uma dissimulação, mas esse incômodo contínuo, de ficar procurando chifre em cabeça de burro, como se diz no popular, é demais.

Nem Deus resistiu, na obra de Goethe.

Proximidade ansiosa

Quando surge a perspectiva de algum descanso, algum feriado, pensamos "falta pouco, estamos quase lá". A ideia do quase é muito forte no nosso dia a dia. "Eu quase fiz, eu quase consegui, eu quase cheguei..." Nesse sentido, o quase tem um equivalente que é "por pouco". "Por pouco eu não atingi, por pouco eu não consegui..."

Essas expressões carregam a ideia de algo que não aconteceu, mas sempre com uma proximidade ansiosa.

Quem trabalhou essa ideia foi o escritor português Mario de Sá Carneiro (1890-1916). Um dos principais nomes do modernismo lusitano, ele tinha o hábito de pedir ao amigo Fernando Pessoa (1888-1935) que corrigisse, lesse previamente seus textos e poemas.

No livro de poemas, chamado *Dispersão*, de 1914, revisto pelo Fernando Pessoa, Mario de Sá Carneiro nos brinda com uma forte ideia do que é "o quase". Ele diz: "Um pouco mais de sol – eu era brasa. Um pouco mais de azul – eu era além. Para atingir, faltou-me um golpe de asa... Se ao menos eu permanecesse aquém".

A ideia do quase, no caso de Mario de Sá Carneiro, produziu um poema que mostra o quanto a proximidade pode encantar.

Vitalidade da república

Cada vez mais nós usamos no Brasil, com alegria, as expressões "ideal republicano", "conduta republicana". Hoje pode-se até repreender algumas pessoas no campo da cidadania, da política de governo, do Legislativo, do Judiciário, com esse argumento: "Esta não é uma conduta republicana".

Coisa boa num país que, com mais de cinco séculos de história, ainda não construiu, de fato, uma estrutura republicana mais sólida, mas o vem fazendo.

Benjamin Constant (1767-1830), político francês nascido em Lausanne, na Suíça, um reconhecido orador, foi um ativo participante da segunda metade da Revolução Francesa. Ao falar do poder, Benjamin Constant nos ajuda a pensar sobre a vitalidade da república: "Os depositários do poder têm uma disposição desagradável a considerar tudo o que não é eles como uma facção. Eles chegam a incluir, às vezes, a própria nação nessa categoria".

Sabemos: algo inerente à vitalidade republicana é a capacidade de acolher a discordância, a oposição respeitosa, a discussão que fica fora do pensamento único.

Faz parte de uma república a possibilidade de admissão e até da proteção daquilo que é contrário. Isso é república.

Incompletude

Não estar pronto expressa a possibilidade de olhar-se como um ser que não tem a completude.

O poeta inglês Robert Browning (1812-1889) aproveita a palavra "progresso", surgida no século XIX, para dar a seguinte definição: "O progresso é um sinal distintivo apenas do homem, não de Deus, nem dos bichos. Deus é; eles, os animais, são; o homem é parcialmente e espera ser integralmente".

Isto é, a incompletude, a possibilidade de fazermos de outro modo, de irmos para algo que ainda não está desenhado, construído, produzido, escrito, montado. Deus é, e é o que é; os outros animais, que não os animais humanos, eles são e são o que são; nós somos parcialmente, podemos nos fazer de outro modo.

É claro que a melhor escolha é fazer-se melhor do que aquilo que se é.

Há pessoas que se fazem pior do que aquilo que são, mas é preciso fazer-se melhor, num outro patamar, em algo que nos eleve, que crie uma condição de ser que nos alegre e nos dê orgulho da capacidade de, mesmo na nossa incompletude, procurarmos ser integralmente.

Pirataria

Nós vivemos vários momentos de grande pirataria. Não só a pirataria entendida como a cópia de alguma coisa que foi escrita ou de algum álbum que foi gravado, mas a pirataria como sendo a dilapidação, o roubo, o saque das nossas coisas no dia a dia. Especialmente numa sociedade, como é o caso da nossa República, em que cada vez mais queremos que ela recuse estas questões.

E quando pensamos algumas das bandeiras da pirataria, talvez a mais forte seja a do pirata não temer ou alegar não temer nada, e parecer não haver vento que o impeça de fazê-lo.

Sófocles (497 ou 496 a.C.-405 ou 406 a.C.), escritor grego do século V a.C., produziu uma obra muito forte, *Filoctetes*, uma tragédia que relata um episódio da Guerra de Troia envolvendo Ulisses, o rei de Ítaca. Nessa obra – quem já leu alguma vez a *Odisseia* sabe da imensa dificuldade de Ulisses em retornar a Ítaca – Sófocles escreve: "Para os piratas, não há ventos contrários quando se trata de roubar e saquear".

O vento inoportuno, o vento contrário, parece não existir para quem quer praticar a pirataria, a patifaria, aquilo que dilapida o que pertence à comunidade.

Essa bandeira erguida com a caveira ainda é uma ameaça.

Incômodo vivo

O que vemos passar na nossa frente às vezes nos produz uma perturbação.

O jornalista H.L. Mencken (1880-1956) viveu em um período em que ainda vigoravam leis segregacionistas nos Estados Unidos, aquelas que faziam com que brancos e negros, chamados por vezes de *coloreds*, "pessoas de cor", tivessem que ficar separados nas escolas, nas calçadas, no uso do banheiro, no lugar no ônibus. Por lei, em vários estados, quando um homem branco ou uma mulher branca entrava no ônibus, a pessoa negra tinha que levantar e ceder o lugar.

Quando isso ainda existia, Mencken escreveu uma frase muito forte: "Uma das coisas que tornam um negro desagradável aos brancos é o fato de o negro sofrer a injustiça dos brancos. O negro é, assim, para os brancos, uma permanente reprovação".

A ideia do incômodo vivo.

Em uma sociedade segregacionista, a segregação continua de outros modos, não pela lei, lá e cá, mas a frase do Mencken continua valendo.

Ira inteligente

A ira inteligente é aquela que reage ao incorreto. Colocada até como um dos pecados capitais de algumas religiões, a ira pode ter um movimento de correção.

É aquela ira que alguns chamariam de ira santa, a ira que não se conforma, a ira contra a injustiça.

Maimônides (1135-1204) foi um médico judeu nascido em Córdoba, naquilo que hoje é a Espanha, na época que os islâmicos do mundo árabe estiveram lá muito presentes. No século XII, Maimônides, que escreveu obras de teologia, marcou demais o pensamento de Tomás de Aquino, um dos maiores doutores da Igreja Católica, e também o de outro judeu, Baruch Spinoza, quando ambos procuraram conciliar fé e razão. E Maimônides advertiu um dia: "Um homem irado é melhor do que um venerador de ídolos". Ou seja, a pessoa veneradora é aquela que fica só olhando a mera representação, a que se debruça diante daquilo que é falso, a que se conforma, a que se entorpece.

Maimônides, ao dizer que preferiria um homem irado a um homem venerador de ídolos, está trazendo à tona a presença da ira que é inteligente, da ira que reage ao incorreto.

E isso é melhor que a subserviência.

Indisciplina saudável

Existe uma indisciplina nada saudável, que é a mera desobediência sem sentido, o comportamento indesejado, a conduta bruta na convivência, a mera reação sem um fundamento correto. Mas existe uma indisciplina saudável, aquela que nos tira das trilhas de um conforto perigoso, que nos faz pensar de outro modo, que nos leva a sonhar.

O sonho é uma forma indisciplinadora; afinal, ele nos coloca a sair do que seria regular. E nem sempre o regular é aquilo que está na regra, aquilo que está na régua. Há vários momentos, no campo da criatividade, da ciência, da arte, da família, do afeto, do amor, em que é preciso que sejamos capazes de uma indisciplina saudável.

Fernando Pessoa (1888-1935), em *Cartas a Armando Côrtes-Rodrigues*, escreveu, falando de si mesmo: "A minha vida indisciplinadora de almas".

Olha que beleza profunda. Quem já não foi indisciplinado por algum poema, algum texto, alguma ideia de Fernando Pessoa? Estávamos numa rota e, de repente, ele vem e nos tira, como no clássico começo do poema "Nunca conheci quem não tivesse tomado porrada na vida". Isso nos perturba. Ou quando ele diz que "na véspera de não partir nunca, ao menos não há que se arrumar malas".

Essa indisciplina é boa demais.

Ladroagem circunstancial

Nos momentos em que há degradação em algumas áreas públicas e privadas, em que temos notícia a toda hora sobre o que não deveria ser feito, da conduta indecente em vários campos: corrupção, desvio de recursos, evasão fiscal, tudo aquilo que degrada uma convivência, nós temos que meditar com Humberto de Campos (1886-1934).

Esse escritor maranhense escreveu um livro de memórias em 1933, em que enfrenta Machado de Assis (1839-1908) numa reflexão muito boa e de forma respeitosa: "Diz o Machado de Assis que a ocasião não faz o ladrão, como afirma o provérbio, a ocasião, diz ele, apenas revela o ladrão, porque esse nasce feito. Eu não sei se Machado de Assis um dia furtou, se furtou, não confessou nunca seu furto e, se não furtou, falta-lhe autoridade para afirmativa tão grave. Eu, porém, posso declarar com o prestígio da experiência, que muito ladrão não o seria sem a cumplicidade da ocasião".

Portanto, não é que a ocasião faz o ladrão, a ocasião é cúmplice da ladroagem.

O que significa que, se entendemos como Machado de Assis, que a ocasião revela o ladrão, não o faz, nós temos de cuidar das ocasiões.

E se entendemos, como Humberto de Campos, que a ocasião apenas apoia o ladrão, também temos de cuidar dela para não vir à tona.

Recusa à impunidade

A justiça acontece quando há certeza de que a impunidade não tem lugar. Ainda que a legislação de vários países – e a do nosso também – admita algumas rotas alternativas que podem abrandar o apenamento, a injustiça resulta da incapacidade de punir. Essa certeza da impunidade é marcante.

O mais injusto, no entanto, é a incapacidade de punir. Essa certeza da impunidade é marcante.

François Rabelais (aprox. 1494-1553) monge beneditino, que escreveu obras relevantes da literatura francesa renascentista, bradou: "As leis são como as teias de aranha, pois as simples mosquinhas e as pequenas borboletas se prendem nelas. As grandes varejeiras malfazejas as rompem e passam através".

Essa é uma percepção de Rabelais no século XVI, ainda na Renascença, com a monarquia absoluta presente. Mas não é um pensamento que se possa descartar com facilidade. Tanto que essa ideia foi usada várias vezes por outros pensadores, de outro modo.

Nós podemos atualizar esse pensamento de Rabelais, infelizmente.

Mas não para sempre!

Sinceridade do choro

A hipocrisia lacrimosa existe. Há pessoas que podem até simular uma lágrima e há pessoas que choram por causa de um sentimento sincero. Evidentemente, o choro é uma manifestação que pode indicar vários estados nossos, mas também pode ser simulado.

Nós, em português, chamamos de "lágrima de crocodilo" quando o choro é fingido, porque o crocodilo libera uma secreção ocular quando mastiga uma vítima, pois o próprio movimento mandibular leva a isso.

Matias Aires (1705-1763), filósofo que nasceu em São Paulo, mas com cidadania portuguesa, na sua obra principal *Reflexões sobre a vaidade dos homens* diz: "Pelas lágrimas se explica a alma, pelas palavras, muitas vezes, se explica o engano. Quem chora certamente sente, quem fala só se exprime". Matias Aires supõe o choro na sinceridade, enquanto que quem fala só se exprime, e ele valoriza o choro.

Nós estamos habituados a olhar o choro como uma possibilidade de expressão sincera, mas já estamos ficando mais alertas, calejados, em relação ao choro fingido. Aquilo que chamo de hipocrisia lacrimosa.

Mas o choro, quando sincero, abre a alma.

Autoimplacabilidade

Ser rigoroso demais consigo mesmo é considerar que aquilo que faz não é o jeito correto de fazer, quando, eventualmente, até o é. Essa autoimplacabilidade é característica de pessoas implacáveis em relação a si mesmas, que têm uma autocrítica extremamente robusta.

Um dos autores que mais produziu esse tipo de percepção foi Arthur Koestler (1905-1983), escritor húngaro, fortemente perseguido pelo stalinismo. Ele pediu para escrever no epitáfio dele: "Fez o melhor que podia, não foi bom o bastante".

Esta autoimplacabilidade de Koestler pode ser uma expressão de uma sinceridade em relação à necessidade de poder fazer melhor aquilo que se faz, mas também pode ser uma avaliação sobre a sua própria trajetória, e hoje nós podemos dizer que ele estava errado.

Embora ele tenha pedido que esse epitáfio fosse colocado no túmulo, não vale para Koestler, que fez obras especiais no campo da literatura e da reflexão filosófica. Ele fez muito mais do que apenas aquilo que considerou não ser o bastante, ou não bom o bastante.

Por isso, a avaliação sobre ele mesmo não corresponde àquilo que ele produziu. Quem o lê hoje, entende.

Complacência perigosa

Há um grande perigo quando somos complacentes em relação à violência, entendida como uma fatalidade. Isso coloca em risco a nossa convivência. Nós temos grandes metrópoles, que hoje são foco contínuo de violência contra as pessoas, contra o patrimônio, contra a dignidade, e há muita coisa que nos amargura.

Não podemos supor que a violência seja uma fatalidade e com ela sermos complacentes. Isso nos dá raiva em muitos momentos, a ponto de termos lampejos mais de "troco" do que de justiça.

Infelizmente, esse nível de agressividade, que era quase exclusivo das grandes cidades, hoje atingiu outras regiões. Cidades médias e até pequenas são também vitimadas por algo que precisa ser interrompido, por meio de um acordo social, seja das autoridades públicas, seja da sociedade civil, do cidadão e da cidadã.

Não é um problema só de governo, é um problema também de governo.

O Cardeal de Retz (1613-1679) foi um dos homens que deu mais sustentação ao poder despótico francês no século XVII. Em suas memórias, o Cardeal de Retz registrou uma frase muito densa, sobre a qual vale pensar: "As leis desarmadas caem no desprezo; as armas que não são moderadas pelas leis caem logo na anarquia".

Mas a arma que não é moderada pela lei nos leva à confusão, nos leva a um combate absolutamente injusto. E, por isso, os dois lados: lei com arma, arma com lei.

Valor da causa

Nós conhecemos muitas pessoas que abraçam uma causa. Elas fazem trabalhos de apoio, de solidariedade, fazem atividades no campo da política, no âmbito da empresa, na atividade de voluntariado, a partir de uma causa.

No mundo dos negócios, alguns entendem que isso é muito mais do que fonte financeira, é um jeito de auxiliar a comunidade a crescer. Nem sempre é assim, porque algumas vezes é colocado no campo da hipocrisia.

A vitalidade de um propósito vem, em grande medida, pela força e clareza de uma causa que impulsione a ação das pessoas. A diferença entre convicção e benefício. Há pessoas que agem por convicção da positividade e outras porque vão se aproveitar daquilo.

O filósofo e economista britânico John Stuart Mill (1806-1873), um dos mais vigorosos defensores do voto feminino no século XIX, lembrava que "uma pessoa com uma crença é um poder social igual a 99 que possuem apenas interesses".

Entre cem pessoas, diria de outro modo Stuart Mill, uma única pessoa com uma crença tem o poder que equivale aos 99 restantes que têm apenas interesses.

Isto é, pessoas que agem com uma convicção, com um propósito, com uma finalidade de causa que ajuda a elevar; elas têm um poder mais forte do que apenas aquelas que têm ideia do autobenefício, da autoapropriação.

Eu sou vários

Há uma frase antiga, que circula por aí, que diz: "Não me envergonho dos homens que já fui". Ela aponta a possibilidade de nos olharmos na nossa condição de termos sido de outros modos.

O argentino Jorge Luis Borges (1899-1986), autor de uma literatura decisiva no século XX, morreu dois meses antes de completar 87 anos. Foi, inclusive, homenageado por Umberto Eco no livro *O nome da rosa*. Quem leu o livro ou assistiu ao filme deve se lembrar que há um monge cego na história, chamado Jorge, que passa o tempo todo numa biblioteca, que é uma espécie de labirinto, figura marcante na literatura de Jorge Luis Borges.

Pois bem, no livro chamado *Elogio da sombra*, Borges escreveu: "Zeus não poderia desatar as redes de pedra que me cercam. Esqueci os homens que antes fui, sigo o odiado caminho de monótonas paredes, que é meu destino".

Essa é a ideia de se olhar as trajetórias passadas e, ao mesmo tempo, se entender como alguém que, porque fica em monótonas paredes, segue um destino que não tem condições de alterar.

Essa é uma das possibilidades de ver a vida, como um destino, algo que está escrito, assim como na obra de Borges, aquilo que está ao nosso lado e sobre o qual não temos controle...

Mal-entendido apaziguador

O mal-entendido pode ajudar a acalmar os espíritos, a diminuir os conflitos!

Parece algo fora de propósito, mas existe, sim, um elemento muito forte na expressão que nos permite dizer "não foi bem isso que eu quis dizer".

Inclusive, em português, nós somos mestres em usar essa expressão. Nosso idioma é até mais flexível para que essa frase seja dita, porque conta com muita maleabilidade de termos. Alguns povos apreciam o português como sendo o nosso modo mais cantado de dizer as coisas. Esse modo menos preciso permite o uso da frase "não foi bem isso que eu quis dizer".

O poeta parisiense Charles Baudelaire (1821-1867), um mestre inequívoco do Simbolismo do século XIX, surpreendeu com uma frase: "O mundo funciona graças ao mal-entendido. É mediante o mal-entendido universal que todos concordam, pois, se, por falta de sorte, as pessoas se compreendessem umas às outras, jamais concordariam".

Baudelaire puxa uma ideia fortíssima: a possibilidade de não ser entendido por completo evita que tenhamos discordâncias mais profundas.

De vez em quando, continua valendo o "não foi bem isso que eu quis dizer".

Consumolatria

Consumolatria é o desespero que alguns têm por consumir. Caminho sem saciedade, quase que podemos dizer sociedade sem saciedade.

Em algumas épocas, temos um gasto imenso. Embora se possa até dizer que isso ajuda a movimentar a economia, há pessoas que exageram nesse sentido. O economista Robert Frank, da Cornell University, disse algo instigante: "As coisas que sentimos que precisamos dependem dos tipos de coisas que os outros possuem e, desse modo, nossas necessidades se expandem quando nos deparamos com outro que tem mais que nós. Porém, quando todos nós gastamos mais, o novo nível de gasto se torna simplesmente a norma".

Olha só, o padrão de gasto vai se elevando.

Uma parte das crianças e dos jovens hoje já funciona em patamares superiores em relação ao nível de gasto e em relação àquilo que acha que precisa. E esse "sentimos que precisamos" em vários momentos tem que ser colocado entre aspas, porque não necessariamente precisamos.

Talvez, porque o outro tenha, isso se torna, para usar uma linguagem da internet, meio viral, e aí todos querem ter.

Ocasião propícia

"A hora é agora." É comum se contar a hora, em alguns momentos da vida, até em contagem regressiva. Então, a hora é agora "10, 9, 8, 7..." Não é só para lançamento de foguete, não é só para disparar em uma brincadeira, uma competição, não é só para contar o tempo, é para lembrar que "a hora é agora" e, portanto, não há como (e nem se deve) adiar.

O poeta inglês William Blake (1757-1827) escreveu, no final do século XVIII, um trecho que nos auxilia bastante numa reflexão sobre a ideia de ocasião propícia: "Se agarrares o momento antes que ele esteja maduro, as lágrimas do arrependimento tu decerto colherás; mas, se o momento certo alguma vez deixares escapar, as lágrimas do pesar tu jamais apagarás".

Em outro modo, se você vai atrás da situação, da ocasião, da chance, antes que ela esteja pronta, a lágrima virá de arrependimento, mas, se deixar escapar o momento, o pesar, a lágrima que virá dele será inesquecível.

Desse ponto de vista, a ideia da ocasião propícia, nem antes do tempo, porque a borboleta não deve, embora possa, sair do casulo antes da hora e nem depois da hora.

Essa expressão "a hora é agora" era chamada pelos gregos antigos de *kairós*, a ocasião, a oportunidade a não ser perdida, o momento em que se junta a ação com a ocasião.

Lema para um novo tempo

O lema que muita gente elegeu, e elege para um novo momento, é hedonista – o aproveitamento da vida no seu limite máximo: "agora eu vou arrebentar", "agora eu vou fazer e acontecer", "agora não quero saber, eu vou me acabar".

Esse hedonismo, muito arriscado, é eleito, até com a expressão latina *carpe diem*, que é um trecho das odes produzidas por Horácio (65 a.C.-8 a.C.) um poeta latino, no século I a.C.

Costumamos traduzir a expressão *carpe diem*, como "aproveita o dia", dando a essa frase o sentido de que aquele dia deve ser vivido como se fosse o último. Mas, em latim, *carpe diem* não significa "aproveite o dia", mas "colhe o dia". Isto é, não deixe de viver aquilo que o dia traz.

A frase não quer dizer "viva este dia como se fosse o último, com toda a intensidade, como se a vida fosse acabar". E muitas pessoas estão usando, sim, a ideia do *carpe diem*, especialmente porque a ouviram no filme *Sociedade dos poetas mortos* (EUA, 1989, direção de Peter Weir, 128min), colocada pelo professor para seus alunos e, como lá se falava em aproveitar o dia, acabaram deixando de lado a ideia de que *carpe* no latim significa "colhe".

Quando a decisão pelo *carpe diem* nos agrada, não deveria ser um chamado ao desvario, mas sim a ideia de não deixar de pegar o que o dia oferece.

Lucidez incomunicável

Em um de seus poemas, Fernando Pessoa (1888-1935) escreveu que a lucidez incomunicável era a pior forma de solidão.

Nos idosos isso parece bem mais profundo; o escritor francês Honoré de Balzac (1799-1850) até anotou uma ideia perturbadora: "As lágrimas dos velhos são tão terríveis como as das crianças são naturais".

Quem nunca viu um idoso, aquilo que o Balzac está chamando de velho, chorando? Quando um idoso chora, se a lágrima que corre for de homenagem, de afeto ou de boa lembrança, sem dúvida, isso nos alegra. No entanto, há uma lágrima que é de tristeza, de algo que não se consegue comunicar, algo que já se viveu com experiência.

Dizendo a frase de Balzac de outro modo, a criança chora por qualquer coisa, enquanto o idoso não chora por qualquer coisa. Se uma pessoa com muita idade e muita experiência chora, há uma razão profunda para fazê-lo. Estando já calejada, essa lágrima do idoso, como dizia Balzac, ela é terrível.

Embora o passar da vida possa nos deixar mais emotivos, no terreno da profundidade (sem trocadilho), não se chora, depois de uma certa idade, "por qualquer coisa"...

Proveito razoável

Desperdiça-se muito tempo. Os latinos citavam o "tempo devorador das coisas". O tempo como nosso grande mestre, mas também aquele que devora seus alunos. É o tempo que nos ensina, mas é o tempo que nos devora.

O tempo a ser desperdiçado é aquele em que temos uma vida banal, superficial, fútil, inútil; uma vida com uma vacuidade muito grande. E, quando alguns tempos se renovam, queremos fazer projetos, planos de ter uma vida que não se esvaia.

Para usar uma linguagem antiga: que não escorra como areia no mar escapando pelos vãos dos dedos.

Isso significa não admitir o tempo que devora.

O filósofo norte-americano Ralph Waldo Emerson (1803-1882), formado em Harvard, em meados dos anos de 1820, foi autor de muitos ensaios, que ordenaram o que na Filosofia chamamos de transcendentalismo contemporâneo. Ele escreveu que "se computarmos, em termos de tempo, é possível que em 50 anos tenhamos tido meia dúzia de horas razoáveis".

Emerson não usou "computar" no sentido que nós usamos agora, mas com o de "contabilizar". Se contarmos o tempo que de fato se aproveitou, é possível que seja exíguo.

Liberdade recíproca

Há necessidade de proteger a liberdade, não apenas de si mesmo, mas das outras pessoas.

Afinal, se a liberdade não for protegida como um bem coletivo, se for entendida como uma virtude ou um privilégio de natureza individual, há uma ruptura, um esgarçamento da nossa condição de convivência.

Liberdade de pensamento, liberdade de ação, liberdade religiosa, liberdade de orientação, no caso brasileiro, são aspectos que se encontram registrados no Artigo 5º da nossa Constituição.

Por outro lado, temos de lembrar que esta Constituição teve muita influência de várias obras anteriores dentro do pensamento ocidental. Entre elas, escritos de Thomas Paine (1737-1809), um britânico que ajudou, inclusive, a fundar a pátria norte-americana, pensador decisivo para estruturar as bases da democracia dos tempos atuais.

Ele escreveu em *Primeiros princípios do governo*: "Quem quer garantir a própria liberdade deve preservar da opressão até o inimigo, pois, se fugir a esse dever, estará estabelecendo um precedente que até a ele próprio há de atingir".

Frase forte, densa, para a qual a nossa cidadania deve ficar atenta. Qual o precedente? O da não proteção da liberdade. Se eu atuo apenas em relação à minha convicção, à minha ideia, às minhas coisas, e não no conjunto, a minha própria liberdade estará em risco.

Vaidade agradável

Há uma antiga frase que diz que "melhor do que assumir um cargo, é ser convidado para esse cargo", e não tendo ônus de ter que desenvolvê-lo, ficar apenas com a honra do convite. Existe uma vaidade extremamente agradável em ser louvado, não necessariamente pelo conteúdo da louvação, mas pela ideia de haver aí um merecimento.

Quem trabalhou essa noção de maneira bastante precisa foi George Bernard Shaw (1856-1950), aliás, um homem que recusou um Prêmio Nobel de Literatura em 1925, especialmente a recompensa financeira. Em seu livro *Outra ilha de John Bull*, Shaw anotou: "O que realmente lisonjeia uma pessoa é ser julgada digna de ser lisonjeada".

Muitas vezes não é o conteúdo do elogio em si que faz com que a pessoa se sinta agradada, mas o fato de ser percebida como merecedora daquele elogio.

Em outras palavras, ser lembrado para uma atividade, ser elogiado por algo ou ser elevado na condição criada acaba ganhando uma marca vaidosa, muito mais pelo fato de se supor merecedor daquilo do que pelo conteúdo que aquilo carrega.

É a vaidade agradável.

Perícia na carência

Em tempo de abundância, não é tão difícil ser perito, competente, hábil.

O cozinheiro ou cozinheira que dispõe de muita matéria-prima tem menos dificuldade do que aquele que tem uma carência de condição. O mesmo vale para o campo profissional, da política, da estética. A questão da habilidade se expressa mais intensamente quando somos capazes de, enfrentando escassez de recursos, produzir algo significativo.

Goethe (1749-1832), talvez o maior e mais importante escritor alemão da história, foi pesquisador da botânica, tendo, por isso mesmo, em vários livros, feito menção à flora do Brasil no século XIX.

Quem sabe, pela nossa fartura, no seu texto *Poesias* disse: "É na limitação que se revela o mestre". De outro modo, a abundância não obrigatoriamente faz com que a maestria venha à tona.

Não é casual que algumas pessoas digam que é possível conhecer alguém que cozinha, quando se pede que ela faça um frango. Em tese, pareceria algo simples, mas se ela tiver apenas aquilo, precisará expor seu talento e repertório para fazer um prato apreciável.

Isso vale para várias áreas, para nossa condição de vida no geral, inclusive no campo profissional, mas a perícia se manifesta mais acentuadamente quando encontra escassez.

Percepção espelhada

Sempre gosto de retomar Michelangelo (1475-1564) que disse "cada pintor pinta a si mesmo". Tudo o que escrevemos e falamos acaba, de alguma maneira, expressando o modo como somos. Mesmo que seja uma falsidade, ali se indica o falso, e sendo algo que é uma produção de campo estético, reflexivo, mostra a própria pessoa.

O romancista francês Marcel Proust (1871-1922), em *Tempo redescoberto* (que é a última das sete partes da magnífica obra *Em busca do tempo perdido*, publicada em 1927, cinco anos após a morte do autor), escreveu: "Na realidade, todo leitor é, quando lê, o leitor de si mesmo. A obra não passa de uma espécie de instrumento ótico oferecido ao leitor, a fim de lhe ser possível discernir o que, sem ela, não teria certamente visto em si mesmo".

Essa é uma reflexão muito sagaz. Na realidade, todo leitor é, quando lê, um leitor de si mesmo.

Afinal, quando se fala de percepção espelhada, se trata de encontrarmos, especialmente na área da Literatura, obras que façam com que tenhamos uma percepção, que pode até ser, como no espelho, invertida, mas também pode ser uma forma de autoconhecimento.

Sectarismo malévolo

A cidade de São Paulo foi fundada em 25 de janeiro, sob inspiração do Apóstolo Paulo, dos cristãos, o judeu Saul, que teve seu nome mudado para Paulus. Em latim, *paulus* significa "pequeno". Essa mudança tem algo que nos ajuda a pensar. Há pessoas que, no campo da religião, são muito fechadas; acabam até criando uma base para aquilo que se chama de fundamentalismo sectário. Aquele que divide, que descarta, que segrega, em vez de se unir, de se juntar, é sectário.

Paulo escreveu duas cartas dirigidas ao povo da cidade de Corinto. Na segunda delas, há um pensamento que ajuda bastante a refletir sobre religiões: "A letra mata, mas o espírito vivifica".

Isto é, há gente que é absolutamente literal e acha que as coisas são exatamente como estão escritas, sem capacidade de maleabilidade de interpretação, ela acaba matando o espírito do que está escrito por grudar-se dentro da lei.

Aliás, um teólogo do século XIII, o italiano Tomás de Aquino (1225-1274), um dos maiores pensadores da história do Ocidente, dizia: "Temo o homem de um livro só".

Porque acaba caindo no risco de se fechar, de ser obsessivo, de disseminar o sectarismo malévolo.

Complacência habitual

Muitas vezes o hábito nos leva a aceitar qualquer coisa, inclusive o que não deveria ser aceito.

No campo da ética e da conduta, nós nos acostumamos com aquilo que é incorreto, com o que não é saudável, até com o podre, na vida, na comunidade.

Com muita precisão, o filósofo Erasmo de Roterdã (1466-1536), na sua obra *Colóquios*, escreveu: "Não há nada de tão absurdo que o hábito não torne aceitável".

Até com o podre nós nos habituamos e, eventualmente, sentimos saudade!

Por exemplo, alguns de nós moramos em cidades que já tiveram seus rios mais salubres, suas praças mais frutíferas, suas áreas mais vitalizadas do que o são hoje. De repente, nossos rios passaram a feder, e nós nos habituamos com o mau cheiro e passamos até a sentir saudade. Há alguns momentos em que a pessoa vai se aproximando da cidade onde mora, sente o fedor do rio exalado e diz "ainda bem que eu já estou chegando".

Essa é uma situação extremamente negativa, que é a complacência que o hábito traz à tona, admite e permite.

Cuidado! É preciso, sem dúvida, recusar essa conduta.

Nitidez ética

Na cidade, na família, na empresa, em qualquer ambiente em que estivermos, desejamos a conduta limpa, decente, transparente.

Alguns princípios de convivência são de uma clareza inacreditável e um deles aparece na *Declaração dos Direitos do Homem e do Cidadão*, de 1789. Penso ser a mais clara definição de liberdade, até em termos de ação, que já encontrei, mesmo em todo arsenal que a Filosofia oferece no Ocidente.

Ali está escrito: "A liberdade consiste em poder fazer o que não prejudica a outrem"!

Tudo que não prejudicar a outra pessoa está no campo da tua ou da minha liberdade. Algumas pessoas entendem liberdade como a possibilidade de fazer qualquer coisa. De fazer, inclusive, o que quiserem, independentemente da existência de outras pessoas. Isso, de maneira alguma, é liberdade.

Liberdade é fazer o que não prejudica outra pessoa. E aí, no campo da tua e da minha autonomia, a liberdade se inscreve.

Essa é uma conduta simples e direta. Não tem como não ver.

Radicalidade

Quantas vezes é preciso lembrar que a palavra "radical" não é sinônimo de sectário? Essa é uma expressão usada de maneira equivocada.

Sectário é aquele que divide, que separa, que segrega, que descarta, enquanto radical é uma pessoa que vai até as raízes, isto é, que tem princípios, capaz de sustentar as posições que carrega, mas que também abre a cabeça para pensar naquilo que é diferente do que já sabia.

Nesse sentido, se alguém me chama de radical, no sentido de que "vou até as raízes das coisas", de que "não me contento com a superfície", entendo isso como um elogio. Se está tentando entender radical como sectário, aquele que racha, aquele que quebra, aí eu considero ofensa e preciso aprender a não sê-lo.

Na cultura norte-americana não existe quase essa percepção. Nos Estados Unidos, a expressão radical significa sectário, e é sinônimo também de aquilo que no passado se chamava de esquerdista.

Basta olhar numa frase num discurso de rádio, durante a Segunda Guerra Mundial, em que o presidente norte-americano Franklin Roosevelt (1882-1945) disse: "Um radical é um homem com os dois pés firmemente plantados no ar".

Claro que ele está utilizando a expressão radical do modo que eu dizia não ser o mais adequado, por entender como alguém que não tem princípio sólido. No entanto, no Brasil, podemos sim, a partir da Filosofia, entender radical como aquele que tem princípios e raízes.

Ira declarada

Em algumas ocasiões é preciso ser capaz de colocar a ira para fora, não de maneira brutal, cruel ou violenta.

A ira ou, no seu modo mais suave, a raiva, quando guardada, acaba produzindo um efeito deletério, maléfico para o próprio "raivoso".

O poeta inglês William Blake (1757-1827) tem um verso muito bom no poema "Uma árvore venenosa", em que diz: "Meu amigo fez uma raiva a mim / Contei-lhe, e a raiva teve um fim. / Enfureceu-me meu inimigo / Não contei, a raiva cresceu comigo".

Essa é uma história antiga, nossos antepassados, especialmente nossos avós, já diziam que a raiva guardada, assim como a mágoa, a irritação, tem a possibilidade de ficar amarrada e não vir à tona.

Por isso, evidentemente não estou tratando aqui da necessidade de se ter explosões de raiva, mas de ser capaz de expressar esse sentimento, achar o modo adequado de dizer para a pessoa, porque isso faz com que haja um alívio, talvez até um esquecimento.

Quando se conta a raiva, lembrando Blake, ela tem um fim, quando não se conta, a raiva vai crescendo, portanto vai sendo adubada.

A melhor maneira de desadubar, de tirar a fertilidade da raiva, é tê-la como consciente e, se possível, dizê-la.

Infalibilidade presumida

Há pessoas que supõem ter uma decisão irrecorrível, acham que "falou, tá falado"; "se eu disse, tá dito".

Isso se expressa especialmente no campo da autoridade, seja no Judiciário, no Legislativo ou no Executivo; ou a autoridade paterna, materna, ou a autoridade dentro de uma empresa, numa sala de aula, a ideia da infalibilidade presumida pode até estar no campo da fé, como acontece em algumas religiões.

Mas, no campo da convivência racional, metódica, que não está baseada apenas em princípios religiosos, não se deve admitir que haja decisões absolutamente irrecorríveis.

Thomas Paine (1737-1809) escreveu em *Os direitos do homem*, obra de 1792, que "quando é estabelecida como máxima que um rei não pode errar, isto o coloca num estado de segurança semelhante ao dos idiotas e dos loucos, em relação a ele não se pode falar de responsabilidade".

É claro que a possibilidade do erro está no nosso horizonte, no nosso cotidiano, mas se o entendimento for de "que o rei não pode errar", se achará que há algo irrecorrível na decisão das pessoas, o que torna a nossa capacidade de convivência menos aberta.

Acomodação voluntária

Algumas pessoas aparentam serenidade, mas em alguns casos se trata muito mais de acomodação.

São aquelas que vivem dizendo "não, mas a vida é assim", "vamos deixar como as coisas estão", "uma hora melhora"... Isto é, aquilo que conduz à inação, à ausência de ação, ao não movimento, à não reação.

Em muitas situações é necessário que a pessoa seja sujeito e não objeto daquilo que faz. Não seja apenas um paciente em relação ao que acontece na vida, no dia a dia, mas seja um agente dessa condição.

O escritor francês Honoré de Balzac (1799-1850) nos provocava ao dizer que a resignação é um suicídio cotidiano.

A pessoa resignada faz morrer dentro dela, de um lado, a capacidade de resistência; de outro, a possibilidade de não se acovardar, de não se enfraquecer. A resignação mata a própria dignidade, porque tem, por princípio, a suposição de que nada pode ser feito ou porque falta coragem para fazê-lo.

Nesse passo, portanto, indica uma circunstância que se assemelha ao suicídio cotidiano, as pequenas mortes que vão acontecendo e que conduzem a um estado de chateação, de infelicidade e, pior de tudo, de decepção consigo mesmo.

Dissimulação teatral

Viver outras vidas por meio de personagens no cinema, no teatro, no espetáculo de rua, no circo, é uma capacidade interpretativa admirável.

Existem pessoas com tamanha competência nessa arte, que nos levam a até esquecer quem está ali interpretando. Ao contrário, se enxerga nelas a personagem e é isso que dá a beleza, a habilidade e a perícia nesse ofício.

Érico Veríssimo (1905-1975), no primeiro dos dois volumes do livro de memórias *Solo de clarineta*, de 1973, escreveu algo que nos ajuda a pensar: "Lembro-me sempre do conselho sobre a arte de representar que, num romance de W. Somerset Maugham, um homem do mundo dá a uma atriz: 'Não seja natural, pareça'".

Olha que recomendação extremamente densa para uma atriz. Muito forte como estética e como possibilidade de interpretação, porque é usual dizermos para alguém que vai interpretar algo: "seja natural", "seja você mesmo".

É claro que isso coloca uma impossibilidade para grandes atores e grandes atrizes, porque, se natural forem, estarão deixando de representar, ao passo que parecer natural – e se nós que estamos assistindo acharmos natural – aí sim será uma grande interpretação.

Sabedoria pedagógica

É preciso cuidado na formação do caráter das crianças. Nós temos de pensar no nosso próprio caráter, mas, como atividade formativa, o caráter – aquilo que marca, que faz com que uma criança, hoje ou mais adiante, tenha uma conduta saudável, adequada, decente – exige que fiquemos atentos o tempo todo em relação a circunstâncias, gestos, atos e palavras.

Portanto, não é tarefa apenas da escola educar as crianças. A escola faz escolarização, a família ou os responsáveis adultos têm sim uma tarefa extremamente densa no dia a dia em relação às crianças: educação.

Faz parte da sabedoria pedagógica buscar conselhos nos ditados populares. Os pantaneiros (as pessoas que vivem no Pantanal, no Brasil) têm uma frase que serve especialmente para se referir a uma criança sem modos, que chamamos com razão de malcriada. O pantaneiro costuma dizer "não dê asas à cobra".

Isto é, uma cobra já é um animal que pode ser extremamente perigoso e seu ataque em alguns casos pode ser fatal. Imagine se uma cobra ainda tivesse asas, se ela pudesse voar e vir para cima de nós, qual o nível de agressividade que teria. O ditado pantaneiro se aplica muito a algumas situações de convivência com algumas crianças e jovens.

Não dê asas à cobra, fique atento, cuidado, apare, olhe, eduque.

Balanceamento do poder

O equilíbrio na ação política é aquilo que permite que tenhamos uma sociedade com harmonia na convivência dentro das comunidades. Não é a harmonia simulada, vinda da apatia, e sim aquela que resulta também da presença da diversidade e da discordância não violenta.

Há uma ideia muito forte que nos ajuda a pensar, principalmente quando a situação ferve em alguns momentos, na nossa comunidade, na nossa cidade, no nosso país. Alcalá-Zamora (1877-1949), que presidiu a Espanha e morreu em Buenos Aires, lembrava que "todo regime político deveria ser bastante justo para tornar desnecessários os protestos violentos e bastante forte para torná-los impotentes", ou seja, o equilíbrio, a justiça no cotidiano, na convivência.

Que o poder de um governo seja justo e, nesse sentido, o protesto violento seja absolutamente incabível ou que um governo seja forte para tirar a potência de um eventual protesto violento.

Não enfraquecer o poder de quem tem que controlar as maneiras de manifestação, por outro lado, não impedir que elas aconteçam.

Partilha do cuidado

O livro *O pequeno príncipe* é muitas vezes até objeto de gozação, porque alguns o consideram uma obra menor da Literatura. Mas esse livro não só tem um número imenso de leitores ao longo do tempo, como tem uma densidade de expressão, uma beleza interna que ultrapassa a mera psicologização das situações nele narradas.

O autor Antoine de Saint-Exupéry (1900-1944) foi um piloto de avião, civil e militar, que morreu abatido pelo exército alemão, quando estava com as Forças Aliadas. Um ano antes de *O pequeno príncipe*, que é de 1943, Saint-Exupéry escreveu um livro chamado *Piloto de guerra*, em que ele coloca uma ideia de imensa simplicidade, mas que carrega o sentido de uma vida de convivência: "Cada um é responsável por todos".

Numa vida, numa sociedade, que, em vários momentos, elege como lema "cada um por si e Deus por todos", "cada macaco no seu galho", essa ideia do Saint-Exupéry é extremamente inspiradora. Ele escreve isso durante uma guerra mundial que atinge a Europa e uma boa parte do mundo.

Em grande medida, a expressão "cada um é responsável por todos" é indicadora de uma sanidade de vida que impeça que sejamos prisioneiros de uma tolice imensa, que é o egoísmo.

Raiva fingida

Quando alguém sugere estar irritado, enfurecido, sem o estar de fato, utiliza esse recurso para reafirmar argumentos ou para manifestar de forma clara uma postura.

Guimarães Rosa (1908-1967), em *Grande sertão: Veredas*, escreveu naquele linguajar que só ele conseguiu: "A gente carece de fingir às vezes que raiva tem, mas raiva mesma nunca se deve de tolerar ter. Porque, quando se curte raiva de alguém, é a mesma coisa que se autorizar que essa própria pessoa passe durante o tempo governando a ideia e o sentir da gente; o que isso era falta de soberania, e farta bobice, e fato é".

Esse é o modo Guimarães de escrever e fica até meio difícil entendermos a totalidade da frase. Mas, nesse primeiro trecho, ele se refere a ficar servo, prisioneiro daquilo que se tem.

A raiva em que se dissimula, em que se tem uma certa irritação, que serve para sugerir determinada postura, marcada também por um certo humor, tem sim um viés argumentativo.

A raiva, em si, não é boa; quando usada como ferramenta temporária para ultrapassar uma discórdia, ganha valor positivo.

Risco calculado

Algumas coisas podem levar a um resultado que não será obrigatoriamente bom, mas, ainda assim, serão feitas porque se quer aproveitar, fruir. Por exemplo, no lazer, o consumo de alimento ou de bebida tem o famoso cálculo de risco.

Entre nós, brasileiros, Vinicius de Moraes (1913-1980) é visto por muitos como alguém que de fato aproveitou a vida: fez poesia, cantou, viajou, bebeu. Ele não viveu tanto, morreu com 66 anos. Além de diplomata, deixou uma obra inesquecível, e sempre passou a ideia de um *bon vivant*.

No *Livro de sonetos*, ele poetou: "Não nasci ruminante como os bois / Nem como os coelhos, roedor; nasci / Omnívoro: deem-me feijão com arroz / E um bife, e um queijo forte, e parati / E eu morrerei feliz, do coração / De ter vivido sem comer em vão". Essa última estrofe, em vez de viver em vão, é ter vivido sem comer em vão!

Essa defesa da vida aproveitável Vinicius fez várias vezes, com uma inteligência especial. Claro que a vida tem vários caminhos, alguns o fazem do modo como ele o fez, com o mundo da boemia, do *bon vivant*, outros o fazem de outro modo.

Mas o que não pode é ser em vão.

Relatividade de concepção

Existe a necessidade de olharmos as coisas a partir de múltiplos olhares, em vez de supor um único olhar temático, um único modo de raciocinar, uma única maneira de refletir.

Joaquim Nabuco (1849-1910), diplomata recifense do Brasil Imperial, um homem que escreveu contra a ideia do trabalho escravo, que ainda existia no século XIX, expressou algo que nos ajuda a pensar essa ideia da visão diversa: "A borboleta nos acha pesados; o pavão, malvestidos; o rouxinol, roucos; a águia, rastejantes".

É a ideia do ponto de vista. Nessa hora, vale recorrer ao pensador e teólogo catarinense Leonardo Boff, que sempre lembra que "um ponto de vista é a vista a partir de um ponto".

Não é que esse ponto de vista, porque ele é outro, é absolutamente correto. Não é porque alguém não pensa como eu penso, que é só um outro modo de pensar, que a pessoa esteja correta ou porque não é como eu que esteja equivocada.

Não se entenda que perceber a relatividade das coisas seja uma defesa do relativismo, que é a ideia de que vale qualquer coisa, vale tudo. Não!

A percepção da relatividade é a condição de refletir, de olhar, de notar que há outros pontos de vista e que o modo como eu enxergo não é único.

E que também que não estou obrigatoriamente certo ou equivocado.

Trabalho autoprotetivo

Há pessoas que já se acautelam desde o início, se defendem em relação ao modo como fazem as coisas e são capazes, inclusive, de reagir de forma humorada para se proteger de eventuais equívocos na atividade que desenvolvem.

No campo da música, uma das expressões mais divertidas que eu já vi foi usada pelo maestro russo Andre Kostelanetz (1901-1980), aquele que, talvez, tenha sido, no século XX, quem mais ajudou a divulgar a música sinfônica.

Kostelanetz disse algo verdadeiro: "O regente tem a vantagem de não ver a plateia".

Isto é, a quase totalidade do trabalho feito por um regente numa orquestra se dá de costas para a plateia. Portanto, primeiro, não vê a reação de quem está assistindo ao concerto, e, segundo, não é alvo de olhares mais furiosos, a depender do modo como está desempenhando o trabalho.

Embora a frase de Andre Kostelanetz seja no campo da música, tem validade para outras áreas. Há muita gente que prefere ficar submersa no trabalho que desenvolve, prefere ficar quietinha no canto para não ser avaliada.

É uma forma de autoproteção, mas ela impede uma avaliação mais clara.

Quando nos colocamos na sombra e fora do campo da avaliação, podemos até ficar com a autoimagem preservada, mas ela pode ser falsa porque é omissa.

Brasilidade mórbida

Será que nós, brasileiros e brasileiras, temos alguma atração pela doença? O impulso é dizer que não. Afinal, somos conhecidos como um povo festivo, alegre, que está sempre em alto astral. Mas basta darmos uma paradinha em alguns lugares e observamos algo incrível: o quanto que, depois de um tempo, começa-se a falar de doença. Algumas pessoas, quando perguntadas "como você está?", desfiam um rosário de dores e patologias. Uma das maneiras que gosto de avaliar uma cidade quando nela chego pela primeira vez, é ver se há mais farmácias do que bares. Muita farmácia, pouco boteco?

As palavras "boteco" e "farmácia" têm uma conexão no latim, porque "bodega", "boteco", de onde vem "botica", são ideias que estão ligadas. Mas, muita farmácia e pouco boteco pode indicar alguma coisa estranha.

O jornalista e escritor Antônio Callado (1917-1997), escreveu em 1967 *Quarup*, uma das obras mais importantes da Literatura brasileira. E nela anotou: "A gente só sabe que tem aquilo que dói. O brasileiro quer que doa tudo, naturalmente, daí ser a venda de remédios um negócio de primeira ordem".

Claro que hoje há maior acesso a medicamentos, maior estrutura até do que se teve antes, embora insuficiente, no campo da saúde. Mas vale de novo a pergunta: Muita farmácia, pouco boteco?

Memória aromática

Quando pensamos em cinzas, sempre é um indicativo de fim. Afinal de contas, a noção de cinzas é aquilo que já terminou, que foi queimado.

Em várias religiões, a cinza é um ritual marcado pela ideia de que somos mortais e, portanto, temos de cuidar bastante da nossa vitalidade, dado que o fim é algo absolutamente certo.

Cecília Meireles (1901-1964), com sua incrível produção literária e poética (que também foi importante na área da Educação porque, ainda no início dos anos de 1930, fundou a primeira biblioteca infantil do país), fez um poema cujo título é *Mar absoluto*.

Nele, diz algo muito bonito: "Não te aflijas com a pétala que voa: também é ser deixar de ser assim. Rosas verás, só de cinza franzida, mortas, intactas, pelo seu jardim. Eu deixo aroma até nos meus espinhos, ao longe, o vento vai falando de mim".

Essa memória aromática, em que o vento continua falando da rosa, mesmo depois que ela fica despetalada, mesmo depois que ela é cinza, mesmo depois que a rosa, como muitos e muitas de nós, se finda, ainda assim, parte do aroma que ela carrega segue adiante.

Essa percepção de Cecília Meireles mostra muito bem o quanto que boa parte das nossas memórias vem, também, do efeito agradável e positivo de momentos vividos.

Vergonha dissimulada

Diz-se vez ou outra que algumas pessoas precisam usar óleo de peroba no rosto, dando a entender que são "cara de pau", expressão incorporada ao nosso idioma. Atualmente está difícil achar até a árvore de peroba.

Alguns têm mais habilidade de ter cara de pau, de nada demonstrar.

A quem é inocente de fato vale a clássica frase "quem não deve não teme", que também aparece de outro modo: "quem não deve e nem treme".

Mas e os fingidos, aqueles que são hábeis em dissimular, que passam incólumes por determinadas situações?

O poeta romano Metastásio (1698-1782) dizia que "quem não cometeu delito não sente rubor", ou seja, não fica vermelho, não dá demonstração porque não se envolveu em nenhuma situação equivocada.

Mas conhecemos um ou outro também que é capaz de, sendo delituoso, ainda assim não se manifestar, esse é o famoso cara de pau, que tem uma desvergonha ou é sem-vergonha e fala as coisas com uma aparente inocência, que é algo inacreditável.

E se o que estiver fazendo for desviante da conduta decente, nem sequer se ruboriza.

Calma desejada

Calma! Quero calma! Vida mais calma, trabalho mais calmo, trânsito mais calmo... Quem não os quer?

A poetisa portuguesa Florbela Espanca (1894-1930), que morreu jovem, com 36 anos, em um livro de poesias de 1931, póstumo, chamado *Charneca em flor*, escreveu algo que nos ajuda bastante quando imaginamos o desejo da calma, da serenidade, da maior tranquilidade: "Ser a moça mais linda do povoado. / Pisar, sempre contente, o mesmo trilho, / Ver descer, sobre o ninho aconchegado / A bênção do Senhor em cada filho. // Um vestido de chita bem lavado // Cheirando a alfazema e a tomilho... / Com o luar matar a sede ao gado, / Dar às pombas o sol num grão de milho... // Ser pura como a água da cisterna, / Ter confiança numa vida eterna / Quando descer à "terra da verdade"... // Deus, dai-me esta calma, esta pobreza! / Dou por elas meu trono de Princesa, / E todos os meus Reinos de Ansiedade".

Belíssimo trecho, que expressa o sentimento quando procuramos sair do ruído cotidiano, das turbulências que existem na vida.

Como Florbela Espanca escreveu, "dou por elas", por essa situação, essa calma, "meu trono de Princesa e todos os meus Reinos de Ansiedade".

Recusa à piedade

Piedade é um sentimento contraditório para quem o recebe. Claro que quem manifesta piedade está tendo algum nível de solidariedade, mas há situações em que a piedade é ofensiva, porque é um sentimento que enfraquece.

Honoré de Balzac (1799-1850), na obra *A pele de Onagro*, de 1831, escreveu que "o sentimento que o homem suporta com mais dificuldade é a piedade, principalmente quando a merece. O ódio é um tônico, faz viver, inspira vingança, mas a piedade mata, enfraquece ainda mais nossa fraqueza". Olha que bela redundância de Balzac. A piedade enfraquece ainda mais a nossa fraqueza.

E ele fala do ódio como aceitação – é claro que nenhum de nós abraça o ódio, mas nessa diferenciação entre piedade e ódio tem até uma aplicabilidade, afinal, como defende Balzac, o ódio é um tônico porque faz viver e até inspira vingança.

Não é algo sempre acolhedor, porque não é justiça, mas faz mover, enquanto a piedade enfraquece ainda mais nossa fraqueza.

Por isso, Balzac bem lembrava, há uma recusa à piedade, porque o homem ou a mulher que for objeto de piedade a rejeita em grande medida, porque isso fragiliza. Nós gostamos de compreensão, de aceitação, de correção, mas o sentimento de piedade, embora valorizado em algumas circunstâncias, nem sempre tem esse efeito fortalecedor.

Vez ou outra, enfraquece.

Gosto partilhado

A afeição coincidente acontece quando aquilo de que a gente gosta coincide com o que outra pessoa também gosta, e isso cria um vínculo, cria uma simpatia, quase que uma ponte entre duas pessoas.

Salústio (86 a.c.-34 a.c.) foi um poeta e senador romano, aliás, muito amigo e partidário de Júlio César; sobreviveu às perseguições após o assassinato do general no ano 44 a.c. e foi um dos poucos aliados que não foi executado porque conseguiu exilar-se. Ele escreveu na obra *Conjuração de Catilina*: "Querer e não querer as mesmas coisas, eis, afinal, a verdadeira amizade".

Uma bela definição de amizade. Isto é, o gosto e o desgosto partilhados, a afeição que coincide na mesma medida que permite encontrar identidade, pontos de contato, situações em que essa coincidência estabelece uma relação simpática.

Não é tão fácil definir amizade, porque com algumas delas não se tem muita clareza sobre a origem.

Um dos caminhos possíveis para entender como se inicia e como persiste no tempo uma verdadeira amizade, pode ser essa trazida por Salústio "querer e não querer as mesmas coisas".

Repartir afetos e desafetos.

Prazer indecente

O termo "indecente" nem sempre está ligado à questão da sexualidade e da pornografia. Muitas vezes, está ligado à nossa capacidade humana de pensar, desejar e até apreciar aquilo que é feio.

Claro, a beleza não é só de natureza estética, ela é de natureza ética. Uma das máximas mais perturbadoras do escritor francês do século XVII François de La Rochefoucauld (1613-1680) é que "na adversidade dos nossos melhores amigos sempre encontramos alguma coisa que não nos desagrada".

Essa atração mórbida por algum tropeço de alguém próximo nem sempre é completamente desprazerosa para nós, embora não admitamos essa condição.

Até na família, na relação entre irmão e irmã, pessoas da nossa proximidade, vez ou outra, algo que com eles dá errado traz a possibilidade de se exultar.

Mesmo que seja uma alegria eventualmente recôndita, ela é feia. Esse tipo de sentimento mais perverso nos identifica como humanos.

Insolência tola

Uma insolência tola é achar que o novo é insuperável.

É comum em muitos jovens esquecer a advertência feita por Tácito (55-120), um dos mais importantes autores latinos, na obra *Anais*, do século II, quando escreveu: "Todas as coisas que se creem antiquíssimas já foram novas".

Por que é necessário pensar sobre isso? Porque a ideia de que o novo é insuperável, de que só aquilo que chegou agora pode ser assimilado, aproveitado ou valorizado, é algo equivocada. Alguns jovens supõem que aquilo que agora chegou é absolutamente moderno. No sentido original da palavra "moderno" o é, hodierno, mas não necessariamente algo que persistirá no tempo.

Por outro lado, pessoas com mais idade, vez ou outra, imaginam que só aquilo que veio do passado, que já foi provado de algum modo é que tem valor.

As duas posturas são tolas, mas uma delas, a da chamada de insolência, despreza o que já foi construído, pensado, acumulado, refletido pela humanidade e supõe que só aquilo que é de agora tem validade.

Até se humilha algumas pessoas dizendo "você está ultrapassado, você é velho", quando, em vários momentos, essa pessoa adere a coisas que são antigas, mas que não são velhas.

Engano em si mesmo

Há pessoas que se veem às voltas com armadilhas em relação à propriedade, ao acúmulo de bens materiais. E, com isso, vem a ganância, que é querer mais, apenas para si, a qualquer custo.

O filósofo alemão Arthur Schopenhauer (1788-1860), na obra *Aforismos para Filosofia*, anotou: "A riqueza se parece com a água do mar, quanto mais dela bebemos, mais sedentos ficamos".

A identificação da riqueza com a água do mar, que não mata a sede, serve para muita gente que entende que fazer as coisas a qualquer custo, pagar qualquer preço por aquilo que pareça vantagem, especialmente vantagem pecuniária, financeira, material, leva a estado contínuo de insaciedade.

Alguns, inclusive, nem aproveitam o que têm, e aproveitar não quer dizer esbanjar, mas fluir naquilo que tem, em vez de ficar o tempo todo nesse desespero de insaciedade.

Quanto mais se bebe água do mar, mais sede se tem.

Expectativa enganosa

Temor superficial é aquilo que nos assusta, mas não temos muita clareza se precisa gerar temor. Sêneca (4 a.C.-65 d.C.), filósofo latino do século I, em *Cartas a Lucílio*, escreveu que "as coisas que nos assustam são em maior número do que as que efetivamente fazem mal, e nos afligimos mais pelas aparências do que pelos fatos reais".

Essa é a expectativa enganosa, aquela que, ao imaginarmos algo, já supomos que, de fato, acontecerá.

Não é casual que Sêneca tenha exercido influência no pensamento calvinista, das igrejas reformadas dentro do cristianismo, porque o que se colocava por trás do pensamento é a possibilidade de apoio nas mãos da Providência Divina, daquele que pode cuidar e, portanto, tirar a aflição.

Quando Sêneca levanta essa percepção, está dizendo que é necessário ter uma serenidade maior porque o número de coisas que nos assustam é muito maior do que aquilo que concretamente poderá nos fazer mal.

Ser capaz de distinguir, de vislumbrar a diferença entre uma e outra, é algo que expressa inteligência.

Utilidade inocente

O inocente útil é aquele colocado em situações nas quais, ao final, sofrerá as maiores penalidades, restrições, dificuldades e nem sabe direito por que faz o que está fazendo.

Não é incomum, especialmente em situações de conflito, de guerra, de enfrentamento, até movimentos de rua de pessoas que não têm clareza por que estão vitimadas por aquilo que ali acontece.

Jean-Paul Sartre (1905-1980), um dos relevantes pensadores do século XX, tem uma clássica obra, cujo título é *O diabo e o bom Deus*. Intrigante, tornou-se também peça de teatro.

Neste texto Sartre diz: "Quando os ricos fazem a guerra, são os pobres que morrem".

Essa servidão involuntária é a condição de ser útil para um propósito sobre o qual não se tem toda a nitidez.

Daí, a guerra, que pode ser no sentido literal ou simbólico – todo tipo de luta por aquisição material, confronto pelo poder, enfrentamento de outros grupos –, faz com que os menos privilegiados, os menos aparelhados, os menos preparados, os menos beneficiados, morram.

Dubiedade da sustentação

Mecenas é alguém com muito recurso financeiro que ajuda a patrocinar alguma forma de arte.

Em vários países, entre eles o Brasil, o poder público tem mecanismos de fazê-lo. No entanto, há também pessoas que não fazem parte do poder público que ajudam a financiar as artes. Contribuem para projetos de cinema, poesia, literatura, teatro, espetáculos de música.

Esse mecenato coloca uma dubiedade: Ele é bom ou ele subjuga?

Marcial (aprox. 40-102), poeta latino do século I, dizia: "Se houver mecenas, não faltarão virgílios". Ele faz referências a Caio Mecenas (70 a.C.-8 a.C.), que foi quem deu origem à palavra "mecenato", um conselheiro do Imperador Augusto (63 a.C.-14 d.C.), muito rico e que sustentava artistas. Marcial faz também menção na frase ao soberbo escritor romano Publio Virgílio (70 a.C.-19 a.C.). Havendo sustentação, Virgílios aparecerão, mas não é sempre assim.

Samuel Johnson (1709-1784), pensador inglês do século XVIII, definiu ironicamente: "Mecenas: geralmente um desgraçado que financia com arrogância e é recompensado com adulação".

Por isso, até hoje, a sustentação das artes leva a essa questão: É boa ou subjuga?

Fruição estratégica

Ganhar bem é difícil, gastar bem o é mais ainda, embora não seja impossível.

O escritor carioca Millôr Fernandes (1923-2012) escreveu no *Livro vermelho dos pensamentos de Millôr*: "Morrer rico é extrema incompetência, significa que você não usufruiu ou, pelo menos, não usufruiu todo o dinheiro. Além disso, um rico que gasta tudo que tem antes de morrer livra seus herdeiros do odioso imposto de transmissão".

Parece perturbador quando ele diz que morrer rico é extrema incompetência. Millôr diria "não soube gastar ou não soube gastar o que deveria", e, portanto, é incompetente, deixa o imposto alto para que os herdeiros paguem.

Claro que essa ironia do Millôr nos intriga, nos anima, nos alegra, mas nos leva também a refletir sobre o que é não emburrecer no gasto.

Não é desperdiçar, mas é saber gastar com inteligência, aliás, para poder dar valor ao que temos.

Liberdade essencial

Opressão é aquilo que amargura, que constrange, que aprisiona uma pessoa, um grupo, um pensamento, uma sociedade.

A escritora carioca Cecília Meireles (1901-1964), em seu inesquecível livro *Romanceiro da Inconfidência*, registrou: "Liberdade é uma palavra que o sonho humano alimenta. Não há ninguém que explique e ninguém que não entenda".

Cecília Meireles traz à tona a ideia da liberdade essencial, a ausência de opressão daquilo que faz com que percamos nossa humanidade.

Essa é a razão pela qual muitos homens e mulheres, em muitos lugares e tempos, lutaram e lutam pela liberdade.

A liberdade de ser autônomo, a liberdade de ser mais humano, a liberdade de pensar e fazer, a liberdade de não ser oprimido.

Brincadeira saudável

Há momentos em que gostamos de brincar, de inventar, até de mentir de maneira proposital para gerar diversão. Partilhar alegria.

Mas, toda vez que a brincadeira se faz, não podemos deixar de lado aquilo que Charles Dickens (1812-1870), romancista inglês, autor de *Oliver Twist*, nos advertiu. E esse alerta foi trazido para o português por Gilberto Amado (1887-1969), escritor que morreu no Rio de Janeiro. Ele retoma Dickens ao escrever: "Rir dos outros é pobreza de espírito. Deve-se rir com alguém, não de alguém".

Aquilo que diverte a todos quando acontece é o que caracteriza uma brincadeira. Para não se transformar em ofensa, chateação, humilhação. Se alguém for diminuído, vitimado, ofendido, não é brincadeira.

A brincadeira, de fato, precisa gerar alegria para o conjunto.

A frase de Dickens, citada por Gilberto Amado, carrega um comportamento inteligente. Um conselho no campo da conduta ética, da convivência, que nos torna maiores para não diminuirmos alguém.

Antagonismo benéfico

É possível aprender no confronto. O embate pode nos ensinar alguma coisa.

O filósofo irlandês Edmund Burke (1729-1797), aliás, um ardoroso adversário da Revolução Francesa, contra a qual escreveu de forma incisiva num livro de 1790, mas um pensador político significativo, um dia registrou: "Quem luta contra nós reforça os nossos nervos e aguça nossas habilidades. O nosso antagonista é quem mais nos ajuda".

Claro, o nosso antagonista nos prepara melhor para algum tipo de combate, seja o bom combate (aquele que faz crescer a comunidade, a pessoa, a vida coletiva), seja o outro combate que, por qualquer razão, exige enfrentar alguém a ponto de subjugá-lo.

O antagonista, portanto, nos ajuda porque nos faz aprender. Se olharmos, por exemplo, o dia a dia do nosso país, há várias situações, em qualquer campo de atividade, inclusive no âmbito da convivência pública, da praça, da rua, as pessoas aprendem a lidar com alguns confrontos, sem degenerar em crueldade, em crime e, ao mesmo tempo, atuam numa determinada situação, a partir do conhecimento que têm a respeito do adversário.

Por isso há um antagonismo benéfico, que nos permite tirar lições e crescer.

Moralismo robusto

Muitas vezes, os nossos finais de semana associam-se à ideia de balada, de festas, de eventos.

Gustave Flaubert (1821-1880), autor do clássico *Madame Bovary*, livro pelo qual foi acusado de imoralidade, um dia redigiu o *Dicionário de Ideias Aceitas*, coletânea de reflexões, publicada apenas em 1913, 33 anos após a sua morte.

Nesse dicionário há uma definição interessante, mas também muito moralista, sobre a meia-noite. Escreveu ele: "Meia-noite: limite da felicidade e dos prazeres honestos. Tudo o que se faz depois é imoral".

Essa é uma frase que encantaria alguns pais e mães nos tempos atuais ou algumas pessoas que têm a percepção de que as coisas acontecem depois da meia-noite. Aquilo que coloca os gatos todos pardos é o que não pode ser identificado. Gente da noitada, isso resvalaria no território da imoralidade.

É uma forma de percepção. Há que se considerar que essa postura fosse até compreensível no século XIX, ainda mais numa França que fazia grandes discussões sobre o que era correto ou não.

Mas hoje é apenas curioso.

Justiça demorada

Quando se considera a justiça lenta é comum a referência à ideia de justiça divina. Isto é, se aqui entre os humanos não acontece, Deus – na crença que algumas pessoas têm –, sem dúvida, dará um jeito, e a pessoa supostamente culpada não ficará impune.

Aliás, essa é uma certeza que muitos precisam ter, porque se não houver uma consequência para os atos, nem que seja imaginada, simbólica, ficaria muito difícil entender as razões que levariam alguém a sempre trilhar a rota do bem. Claro que a ideia de justiça divina, para alguns, tem de fato uma concretude. Para outros, mera simbologia, mas, ainda assim, uma necessidade para não perdermos a possibilidade de imaginar que justiça existe, mesmo que não seja dentro do mundo humano.

O escritor espanhol Miguel de Cervantes (1547-1616), na segunda parte de *Dom Quixote* registrou algo que nos alerta: "Deus atura os maus, mas não para sempre".

Essa frase tem um duplo sentido. Significa que existe uma impaciência divina e que, portanto, em algum momento durante esta vida, haveria justiça praticada pela divindade ou essa justiça não é para sempre, à medida que na própria ideia de eternidade a percepção divina faria com que o mau não passasse impune.

Originalidade própria

Dois pães feitos por duas pessoas, seguindo a mesma receita, não saem do mesmo modo. Há sempre aquilo que é específico de uma pessoa. Assim como não há a possibilidade de uma exclusividade de caminho. Terêncio (185 a.C.-159 a.c.) é um poeta romano, que muita gente reconhece por uma frase tida como sendo senso comum: "Enquanto há vida, há esperança"; essa famosa frase aparece numa comédia de Terêncio chamada *O punidor de si mesmo*. Numa outra comédia, intitulada *Adelphos*, que em grego é a ideia de irmãos, Terêncio anotou: "Se duas pessoas fazem uma mesma coisa não é a mesma coisa".

De fato, a originalidade é própria. Não há um modo único de se fazer algo.

Mesmo que uma receita – seja de comida, de projeto, de interpretação de música – seja a mesma coisa, lembra o Terêncio, não é a mesma coisa.

Aquilo que é próprio, que é da pessoa, que faz com que haja um registro de característica que não se dilui, não se perde no que outra pessoa faz.

Isso dá um encanto muito grande à nossa vida.

Modéstia simulada

A pessoa que finge modéstia concretamente deseja é ouvir mais elogios. Há um perigo na modéstia simulada.

O escritor holandês Eduard Dekker (1820-1887) ficou mais conhecido por um pseudônimo literário que a gente dificilmente imaginaria ser de alguém nascido nos Países Baixos, que é Multatuli. Ele tem uma obra, intitulada *Ideias*, na qual registrou: "Quem fala de si mesmo com modéstia fica aborrecido se nele acreditamos e se enfurece se o repetimos".

Se eu falo de mim mesmo: "Não, isso é uma coisa que vocês estão exagerando, não é desse jeito, não sou assim tão bom...", sem dúvida, eu posso ficar aborrecido se alguém nisso acreditar.

Pior ainda, segundo Dekker, é se alguém repetir: "É, de fato, você não é mesmo assim, você está certo". Isso produz um enfurecimento.

Toda vez que eu simulo modéstia, o mais agradável é que as pessoas não entendam como tal e, sobretudo, não concordem comigo.

Ao contrário, que reajam dizendo que não sou tão menos como quero que não creiam...

Simplicidade de critério

Quantas vezes se procura um critério para decidir se algo é correto ou incorreto, se uma atitude é decente ou indecente, se algo é moral ou imoral?

O escritor norte-americano Ernest Hemingway (1899-1961), Nobel de Literatura de 1954, foi um homem que cobriu a Guerra Civil na Espanha nos anos de 1930, da qual resultou uma das importantes obras literárias do Ocidente no século XX, *Por quem os sinos dobram*. Numa outra obra, chamada *Morte na tarde*, de 1932, Hemingway estabeleceu o critério dele em relação à decência das coisas que fazia: "O que eu sei é que é moral o que nos faz sentir bem depois. E imoral o que nos faz sentir mal depois".

Existe aí uma relatividade. Alguns diriam que o canalha não se sente mal, então isso torna decente aquilo que praticou?

Mas Hemingway é um pouco mais fundo nisso, há sim uma clareza de critério.

Claro que se faz um apelo à ideia de consciência e há aí também algo extremamente polêmico. As pessoas que fazem um malefício têm consciência de que aquilo é um malefício ou para elas aquilo é um benefício e, dessa forma, não entenderão como prática do mal?

Ainda assim, como critério moral, essa percepção de Hemingway, de sentir-se bem ou mal depois de algo ter feito, tem validade.

Amargura do arrependimento

Toda vez que se pensa em alguém que se arrependeu à força dos fatos vem à tona a imagem de Judas Iscariotes, personagem da tradição dos cristãos, lembrado por ser aquele que traiu o seu mestre e depois teve um momento de arrependimento amargo e deu fim à própria vida, na mesma tarde em que Jesus de Nazaré houvera sido condenado e supliciado na cruz.

A figura de Judas é emblemática sobre a ideia de desespero, por ter feito algo que não deveria, sentimento esse extremamente doloroso. Diriam alguns, inclusive, que seria imperdoável (sem perdão) essa percepção de Judas sobre si mesmo.

Independentemente de todo esse campo simbólico sobre a amargura por ter feito algo, há uma versão específica do escritor russo Leon Tolstói (1828-1910), dado que este aderiu ao vegetarianismo e ao pacifismo por entendê-los como crença cristã, e o quanto isso está ligado a um modo de prática como achava que deveria ser para não se arrepender.

Daí que, na segunda parte de sua estupenda obra *Guerra e paz*, Tolstói escreveu: "Só conheço na vida dois males bem reais: são o remorso e a doença. E o único bem é a ausência desses dois males".

Vale?

Preconceito vazio

Há uma frase que por aí circula que diz: "Nunca confie na conversa de um filósofo e no sorriso de um mecânico"... Filósofos não gostamos da possibilidade de sermos entendidos como esotéricos ou lunáticos e, portanto, sedutores, inclusive por alguma coisa que não tenha embasamento. E mecânicos, há décadas e décadas, desde que as máquinas começaram a ser inventadas, são vítimas também de brincadeira. Tivemos no Brasil alguém muito bom no humor, que era o jornalista Leon Eliachar (1922-1987), nascido no Cairo, mas que viveu no Brasil desde criança. No seu livro *O homem ao quadrado* há uma definição mordaz do que é ser um mecânico: "Sujeito que nos toma a diferença do que conseguimos quando compramos um carro mais barato".

Esse chiste do Leon Eliachar indica um preconceito, seja em relação a mecânicos, filósofos, políticos ou a atividades de qualquer outra natureza. Ainda assim, ele entra no campo do humor de um lado, mas nem sempre diverte quem dele é objeto.

Eu imagino que mecânicos não pensem desse modo, tal como filósofos não gostamos que a palavra "filosofia" seja usada como sinônimo de vacuidade.

"Ah, isso aí é filosofia da sua parte", quase querendo dizer que não serve.

Nessa hora, sorrimos, como alguns mecânicos...

Ambidestralidade enganosa

É curioso nomear a pessoa capaz de trabalhar com as duas mãos de ambidestra. Como se a mão direita, a destra, é que tivesse importância. Inclusive em alguns idiomas, como o italiano, a mão esquerda é a *sinistra*. Em algumas regiões do Brasil, canhoto é também sinônimo de demônio, tem uma conotação negativa.

Mas a ambidestralidade enganosa foi um dia iluminada, de um modo menos enganoso, por Sêneca, pensador romano, autor de uma frase que agora é popular, em latim é *Manus manum lavat*, que é "Uma mão lava a outra".

Ambrose Bierce foi um jornalista norte-americano nascido em 1842 e desaparecido no México em 1913. O corpo dele nunca foi encontrado. Em seu famoso *O Dicionário do Diabo*, ele deu uma definição de mão que serve para algumas pessoas (espero que não sirva para tanta gente assim): "Mão, instrumento singular usado na ponta de um braço humano geralmente metido no bolso de alguém".

Esse estar metido no bolso não é apenas uma postura, uma maneira de ficar parado, evidentemente que o Bierce está se referindo a pessoas que tiram do bolso alheio o que não lhes pertence, o que não deveria acontecer.

Aí sim, essa pessoa é extremamente destra, no sentido mais antigo de destreza.

Desconfiança política

Há pessoas que têm um desprezo pela atividade da política oficial, pela política partidária, que não confiam em governantes, e esta ideia desponta por meio de frases que denotam essa depreciação.

Juvenal (aprox. 55 e 60-após 127), um dos maiores poetas latinos, na sua obra *Sátiras*, escreveu frase muito lembrada: "Os romanos, antes tão poderosos, tornaram-se escravos dos prazeres corruptores e só precisam de pão e circo". Essa expressão "pão e circo" aparece na obra de Juvenal, em que ele fala da degradação dos costumes de uma sociedade em que vivia e que estava perdendo a capacidade de ter integridade.

Nessa mesma obra, Juvenal escreveu uma frase curta e muito direta: "Que hei de fazer em Roma? Não sei mentir".

Olha que alegoria forte! Poderia ser transferida para outras cidades, sejam capitais de impérios ou de democracias, de ditaduras, do que for.

Essa frase de Juvenal faz a conexão entre a mentira e a prática política.

Não é sempre assim. Não é assim que deve ser, e quando o é, temos de recusar, mas não é impossível que algumas pessoas entendam a política como a arte da mentira.

Maracutaia legal

Se há uma palavra muito controversa na origem, embora muito usada por nós, é "maracutaia". A origem vocabular não é muito clara, ela provavelmente junta expressões do idioma tupi, sendo que, se fôssemos pegar por partes a palavra, no tupi significaria "língua confusa", porque está cheia de pimenta. Quando se come pimenta, a língua fica a enrolar e a ideia seria de alguém que confunde porque está com a boca apimentada.

Mas a expressão maracutaia entrou no nosso vocabulário como sinônimo de desvio, de patifaria, da prática feia, em que alguns fazem o que não se deve fazer, seja no campo público, seja no campo privado.

Quando temos isso no dia a dia, vale recordar a expressão do escritor e jornalista italiano Carlo Dossi (1849-1910). Em seu livro *Notas azuis*, ele escreveu: "Para que idiotas cometer maroteiras fora da lei, quando, dentro da lei há tanto lugar para cometê-las?"

Olha só o acobertamento que a legislação pode dar à maroteira ou, numa versão nossa nos dias de hoje, à maracutaia.

São exatamente essas leis que queremos tirar do nosso cenário, mas elas ainda existem e permitem que se faça aquilo que é legal, no sentido de estar dentro da lei, mas não é legítimo, é maracutaia.

Sutileza tocante

Existem frases, ideias, rimas, versos que encontramos em grandes autores, que são capazes de nos tocar, mexer conosco de um modo extremamente sutil, mas, ao mesmo tempo, denso. São formulações com um volume de reflexão que nos fazem pensar para além do óbvio.

Como, por exemplo, Carlos Drummond de Andrade (1902-1987), no livro de poesias *Fazendeiro do ar*, de 1954, em que ele tem uma frase curta, mas absolutamente densa: "Do lado esquerdo carrego meus mortos, por isso, caminho um pouco de banda".

Isto é, cada pessoa sabe o quanto os seus mortos, quando carregados no coração, acabam pesando. Não no sentido de excesso de volume que não conseguimos levar, mas como algo que, colocado naquele lado do peito, nos conduz a carregar pela história afora, pela vida adentro.

Aquelas pessoas que conosco estiveram e agora, estando do nosso lado esquerdo, fazem com que o nosso caminhar se dê com essa inclinação.

A boa inclinação, aquela que, como lembrou Drummond, nos leva a carregar aqueles que conosco fizeram a vida.

Indicador explícito

Sinal inegável é aquela evidência que não podemos nem devemos obscurecer.

Eu conheço uma ou outra pessoa que aprecia procurar bares que, em São Paulo especialmente, chamamos de "pé-sujo". Lugar em que a pessoa vai porque tem prazer nesse ambiente de boteco, com esse jeito de ser. Aquele em que a mesa ainda está com o tampo marcado pelas semanas anteriores, em que os copos podem ter sinal de dedos.

É claro que existe uma morbidez nessa questão, mas procurar um pé-sujo não é algo que fica fora do horizonte de uma parte das pessoas.

O escritor peruano Sofocleto (1926-2004) escreveu algo que vale para restaurante e para bar, vale para a nossa cozinha, para a sala de espera de um hospital. Em sua obra *Silogismos*, escreveu: "A mosca é o termômetro da higiene".

Nós conseguimos ter como marcador da falta de higiene nos lugares a presença das moscas, porque elas sugerem qual o nível de limpeza que existe ali.

Algumas pessoas, como eu brincava antes, procuram lugares em que a presença de moscas é até atraente. Por outro lado, esse sinal, como termômetro da higiene, não pode ser desconsiderado por quem procura limpeza.

Paciência geradora

A calma essencial advém do modo de saber aguardar. Algo que temos mais dificuldade hoje no nosso dia a dia, afinal, vivemos em correria, o tempo todo em estado de pressa.

O distanciamento que temos do mundo rural ou da natureza acaba nos tirando um pouco a paciência para a maturação. Costuma-se imaginar, por exemplo, que, para fazer uma pesquisa, basta entrar um pouco na internet e ela já está concluída. Para se chegar a algum lugar ou para se comer, a ideia de *fast* seja suficiente. Tem-se isso inclusive nas relações de amizade, de sexualidade, uma pressa excessiva no cotidiano.

Eu não tenho dúvida que uma parcela disso vem do fato de termos perdido algumas referências que o mundo da natureza acaba nos trazendo como uma forma de instrução e aprendizado.

Ricardo Bachelli (1891-1985), um premiado escritor italiano, nascido em Bolonha, dizia: "A agricultura é a arte de saber esperar".

Quem já plantou algo sabe o quanto a ideia de espera para que possa maturar a planta ou o fruto é importante. Isso exige uma paciência que não admite uma artificialização.

O distanciamento da natureza, na produção agrícola, nos tira a capacidade de ter uma paciência geradora.

Vergonha persistente

Em alguns momentos, ao olhar para o passado, um país deixa de resgatar aquilo que precisa ser lembrado. Deixa de retomar o que não pode ser esquecido, fatos históricos, momentos em que a política numa nação, por exemplo, acabou gerando crueldade, injustiça ou desumanização da relação entre as pessoas, como é o caso da escravatura.

Em muitos países e, no caso do Brasil, alguns dizem que querer pensar o passado é saudosismo, portanto, algo marcado por uma fragilidade.

Não deve sê-lo. Olhar o passado é uma oportunidade de meditar sobre o que já fizemos, mas, acima de tudo, de evitar que façamos de novo aquilo que não deveria ter sido feito.

Paul Valéry (1871-1945), poeta francês, na obra *Olhar sobre o mundo atual*, de 1931, escreveu: "Nenhuma nação gosta de considerar seus infortúnios como seus filhos legítimos". Isto é, nenhum país gosta de lembrar daquilo que fez de equivocado como parte de sua legitimidade histórica.

Mas é preciso fazê-lo. Olhar nosso próprio passado com a capacidade de nos envergonhar. Não do que nós fizemos, no sentido literal, porque lá não o estávamos. Mas do que nossos antecessores fizeram, para que sejamos capazes de recusar aquilo que não deve ser feito em tempo algum.

Expressividade dupla

Criar ambiguidade às vezes é intencional ao se mexer com ideias e palavras.

Uma das pessoas que mais conseguiu trabalhar essa forma de expressividade na pintura, na escultura, nas suas invenções, nos seus esboços e desenhos foi Leonardo da Vinci (1452-1519), um homem multifacetado, com inúmeras capacidades. Na obra *Tratado da pintura*, da Vinci fez uma analogia da pintura com a escrita poética que é bastante profunda: "A pintura é uma poesia que se vê e não se sente. E a poesia é uma pintura que se sente e não se vê".

Com essa reflexão, Leonardo da Vinci traz à tona o que é a emoção estética, aquilo que a pintura provoca como algo que é visível, mas que não podemos tocar, enquanto que a poesia não é visível pelo modo dos olhos, mas nos toca imensamente, usando a palavra "tocar" no sentido de emocionar.

Genialidade encarnada...

Beleza interior

O poeta francês Pierre Reverdy (1889-1960), um dos desta-
cados nomes do Surrealismo, lembrava: "A ética é a estética de
dentro". Frase direta.

Por isso, a noção de beleza interior se coloca no campo da
expressividade ética. Quando dizemos: "Aquela é uma bela
pessoa", "Aquela é uma bela organização", "Aquele é um belo
governo", "Aquela é uma bela igreja", evidentemente não estamos fazendo referência exclusivamente ao lado externo, à
formalidade daquilo que é o material concreto.

Nossa referência, quando se pensa em beleza interior, é a
conexão do bom com o belo.

No outro polo, quando pensamos naquilo que é feio, naquilo que quebra a decoração, que é indecoroso, nós nos en-
vergonhamos ao ver contrariada esta ideia de que "a ética é a
estética por dentro".

Essa percepção, no campo da gestão pública, da iniciativa
privada, no seio da família, na atividade escolar, precisa, sim,
nos orientar.

Para usar o título do filme italiano *A vida é bela* (de 1997,
dirigido e protagonizado por Roberto Benigni), ela só é bela
se tiver como referência, não a estética no sentido daquilo que
se enxerga, mas a ética como aquilo que se deseja e se pratica.

Carro habitável

Numa sociedade como a nossa, extremamente marcada pela obsessão pelo veículo, pelo carro, a expressão "mobilidade urbana" tem uma abrangência significativa. Não apenas ao que se refere ao veículo automotor, mas ao metrô, ao trem, ao ônibus, à bicicleta, à caminhada... Essa nossa ideia obsessiva, marcante no século XX, foi construída em cima do deslocamento com base no combustível fóssil. No caso do Brasil, a partir do final dos anos de 1950, com o desenvolvimento calcado na indústria automobilística.

O escritor chinês Lin Yutang (1895-1976), várias vezes indicado ao Nobel, no livro *Com amor e ironia*, lembra algo que hoje pode soar estranho, mas, na época em que foi escrito, fazia bastante sentido: "O *trailer* é a evolução lógica da casa norte-americana após o apartamento. Apartamento este que já foi definido como o lugar onde alguns membros da família esperam pela volta do automóvel que está ocupado por outros membros da família. Assim, por que não construir um carro um pouco maior em que possam viver, ao mesmo tempo, todos os membros da família?"

No Brasil, onde há muito mais carros do que antes, talvez essa ideia perdesse força. Mas disse ele que a casa era o lugar onde quem estava sem carro ficava esperando quem estava com o carro voltar. E aí não se encontravam.

Por que, disse ele, não fazer o *trailer* em que os membros da família pudessem ficar juntos e sair juntos de uma vez?

Mudança seletiva

Várias pessoas, quando mudam de casa, não podem levar tudo o que tinham.

É até estranho, mas nessas ocasiões notamos com mais clareza que guardamos coisas que não tinham mais serventia. Resultavam mais de um acúmulo desnecessário do que, de fato, de uma necessidade.

E a mudança, seja de local de trabalho, seja de sala, seja de cidade, leva a uma exclusão voluntária. O que conosco levamos, o que deixamos? Mudar de estado civil, mudar de emprego, mudar de lugar implica deixar para trás aquilo que precisa ser abandonado.

O político, escritor e inventor norte-americano Benjamin Franklin (1706-1790), em sua obra *O leitor cortês*, escreveu: "Três mudanças fazem tão mal quanto um incêndio". Ele se refere a mudar de casa três vezes, em que tanta coisa é deixada para trás, que equivale às perdas causadas por um incêndio.

Uma das coisas que ajuda nas nossas mudanças é perceber o quanto estávamos juntando de ideias, de situações e de objetos que não tinham mais utilidade.

Conecte-se conosco:

f facebook.com/editoravozes

⬛ @editoravozes

🐦 @editora_vozes

▶ youtube.com/editoravozes

🟢 +55 24 2233-9033

www.vozes.com.br

Conheça nossas lojas:
www.livrariavozes.com.br

Belo Horizonte – Brasília – Campinas – Cuiabá – Curitiba
Fortaleza – Juiz de Fora – Petrópolis – Recife – São Paulo

  Vozes de Bolso

EDITORA VOZES LTDA.
Rua Frei Luís, 100 – Centro – Cep 25689-900 – Petrópolis, RJ
Tel.: (24) 2233-9000 – E-mail: vendas@vozes.com.br